《走近科学》精选丛书

中国UFO悬案调查

郭之文 主编

上海科学技术文献出版社
Shanghai Scientific and Technological Literature Press

图书在版编目（CIP）数据

中国 UFO 悬案调查 / 郭之文主编．—上海：上海科学技术文献出版社，2019(2021.8重印)
（《走近科学》精选丛书）
ISBN 978-7-5439-7965-9

Ⅰ．①中… Ⅱ．①郭… Ⅲ．①科学知识—青少年读物 Ⅳ．①Z228.2

中国版本图书馆 CIP 数据核字 (2019) 第 168490 号

策划编辑：张　树
责任编辑：付婷婷　曹　惠
封面设计：合育文化

中国 UFO 悬案调查
ZHONGGUO UFO XUAN'AN DIAOCHA
郭之文　主编
出版发行：上海科学技术文献出版社
地　　址：上海市长乐路 746 号
邮政编码：200040
经　　销：全国新华书店
印　　刷：常熟市文化印刷有限公司
开　　本：720×1000　1/16
印　　张：14.5
字　　数：212 000
版　　次：2021 年 8 月第 2 次印刷
书　　号：ISBN 978-7-5439-7965-9
定　　价：58.00 元
http://www.sstlp.com

目录 CONTENTS

中国 UFO 悬案调查·夜空奇象

2005 年 9 月 8 日傍晚，在我国新疆维吾尔自治区有人看见了一个行踪诡秘的不明飞行物。1 个月后，网上出现了 3 张不明飞行物的照片。半年之后，竟然有人说用摄像机拍下了这个神秘莫测的不明飞行物。人们猜测这个不明飞行物就是传说中外星人驾驶的飞船，因为在西部原野曾有外星人留下的踪迹。

这究竟是传说，还是事实？是否真是外星人光临地球？

1．9·8 不明飞行物

不明飞行物，也就是人们通常说的 UFO（unidentified flying object），指的是一切来历不明、身份不定、无法用科学道理给出一个真实论断的飞行物。一提到它，人们总是兴致勃勃，这些不明飞行物是否是睦邻友好的外星人前来拜访地球的航空器，相关的争论似乎永远不会完结。

全世界每年都有很多关于不明飞行物的目击报道，但是据研究者称，这诸多报告中 99%的现象都可以解释，只有 1%的现象目前还无法得出合理的解答。

2005 年 9 月，在我国辽宁省大连市召开了世界 UFO 大会，虽然只是一个民间人士发起、参与的活动，但却有来自 6 个国家的 200 多名天文爱好者以及各领域专家聚集在一起。大家就近些年来发生的一些不明飞行物的现象进行了探讨，接着自然而然就争论起来。一派认为UFO现象可能就是人类仍未探知的一些自然现象，但是另一派坚信在众多的UFO现象中，肯定有外星高等智慧生物驾驶的飞船。就在两派分歧的意见难以统一的时候，在新疆却有人亲眼看见了UFO。

俗话说，说曹操，曹操到。意指事情发生的一种巧合。就在2005年世界UFO大会召开的同时，在新疆就出现了UFO现象，这是一种巧合？还是另有原因？

2005年9月8日16点30分，中国南方航空公司某航班机长文斌（化名），带领全体机组人员，登上从山东济南飞往新疆乌鲁木齐的航班。

天空中出现了不明飞行物

这是机长第 2 万小时飞行的开始，也是他 25 年飞行生涯中最难忘的一次。

经过近 1 个多小时的设备检查以后，机组人员各就各位。17 点 40 分，飞机飞离济南的遥墙机场，向西飞去。

20 分钟后，飞机冲过厚厚的云层，升到万米高空。此时飞机的飞行速度是每小时 800 千米。

20 点 30 分左右，飞机进入新疆境内。这个时间对于内地的大部分地区来说，已经是黑夜了，而在新疆太阳才刚刚落山。

就在飞机飞到距离乌鲁木齐 300 千米的奇台上空时，机长文斌惊奇地看到在自己右前方大约 50° 的地方，出现了一个不同寻常的亮点。亮点从西北方向往东北方向移动，根据以往的飞行经验，文斌判断发光物离飞机很远，两者之间相隔了至少上万千米的距离，亮点应该处于大气层以外。

寂静的夜空，一个不同寻常的亮点

由于当时天色太暗，文斌看不清迎面飞来的发光物的形状，但是对于发光物的亮度，至今他还记忆犹新。

文斌（“9·8”新疆 UFO 事件目击者）：“那是一种非常亮的东西，就像手电照着你眼睛一样，亮得刺目。”

就在文斌猜测眼前究竟是什么东西，为什么能发出如此刺眼的光时，发光物突然拐了一个弯，向飞机尾部飞去。文斌立刻就想到，那可能是被人操纵的物体。

就在发光物经过机舱驾驶室的瞬间，文斌发现它有一个非常奇特的尾巴。

文斌形容：“尾巴是个喇叭形的光谱，那光谱就是圆圆的一圈。”

有着巨大扇形尾迹的发光物，很快就从机长的视线中划过，消失无踪。这种匪夷所思的速度让文斌难以置信。就他所知，地球上目前还没有什么物体运

一道神秘的亮光划过天空

动能达到如此高速度。

从文斌看到神秘亮点到亮点的消失，其间时间仅流逝了 3 分钟。

据机长事后的回忆，当时通过目测他判断这个物体应该是在 1 万千米之外。相隔如此遥远的距离的物体能把人的眼睛给晃花，这说明几点：第一，这个物体的体积非常庞大，如果体积不大，隔着那么远人的眼睛根本无法看见它；第二，它完全不可能是飞机，因为飞机不会发出这么强烈的光线；第三，它达到的速度非常惊人。

代入具体数据做计算就能发现这个不明飞行物的速度有多么惊人。据文斌判断，他看到亮点时亮点距离飞机大约有 1 万千米，如此长的距离线，这个不明飞行物居然只用了短短 3 分钟左右就把全程跑完了，估算下来它的速度达到了每秒 55 千米。

航天航空器想要摆脱地球引力的束缚，首先必须达到第一宇宙速度，又称为脱离速度或逃逸速度。第一宇宙速度是每秒 7.9 千米，这就意味着要想克服地球引力给飞行器带来的影响，它至少要达到每秒 7.9 千米的速度。虽然目前人类制造的飞行器已经能够达到第一宇宙速度，但要达到每秒 55 千米的飞行速度，这就明显超出了人类现有的科技水平。无论那是什么，都绝对不会是出自人类之手的飞行器。

据了解，太空中能够达到这个速度的恐怕也只有流星和彗星。一般彗星的速度可以达到每秒 40 千米左右，两者相比，每秒 55 千米很符合彗星的速度。而且据飞行员描述，不明飞行物拖着一条很长的尾巴，就连小孩子都知道，彗星在民间又名扫帚星，就是因为它带着一条长长的尾巴。不管从速度还是外形来看，这个不明飞行物都很符合彗星的特征，那这个“9・8”新疆 UFO 事件能否最终进入 99%能够解释的行列中去呢？

太空中有一些长着奇特尾巴的天体，它们就是彗星。因为彗星本身并不发光，只能反射太阳光，所以只有等它靠近太阳时，地球上的人才能看到它。

李竞（中国科学院国家天文台研究员）浅显地解释了彗星的成因：“它靠近太阳的时候，太阳的辐射压力会把它的挥发物质吹出来，这样就形成了彗尾。彗尾越靠近太阳，受太阳的辐射压力越强大，彗尾就越显著，显得越长。”

从文献记载来看，天空中出现的彗星很少有完全相同的彗尾，它们大都形状各异，有单叉、双叉甚至是更多叉的。

历史上，彗星进入大气圈最具代表性的一次，就是 1910 年的哈雷彗星。那次也只是哈雷彗星的彗尾进入了大气圈，而它自身还是在远离地球 100 千米以外的太空运动。难道目击者看到的这个在 1 万千米之外飞行的不明飞行物真的是彗星吗?

李竞却认为是彗星的可能性很小：“彗星如果进入了地球大气层之内，那就要出事情了。如果和地球摩擦或者相撞了，那事情就更大了。何况世界上有这么多望远镜，遍布天上地下，有这么多监视器在监视着，要是有彗星接近，全世界天文学家早就发现了。就仅仅是西北部局部地区看到这个天象，这种情况不太可能是彗星。”

有着巨大扇形尾迹的发光物，很快地从机长的视线中划过

新疆喀纳斯旅游风景区

正如专家猜测的那样，在不明飞行物出现的当天，没有任何一家天文台有关于彗星出没的记录。如果这个在天空中快速移动的不明飞行物不是彗星，那它又会是什么呢?

李竞认为这个不明飞行物只可能是来自于外太空的小天

体，或是小天体的碎片。

在地球大气层以外的太空中，有许多的小天体和天体碎片，当它们闯入大气圈后，受地球强大引力的作用，极速下降。就在它们穿越大气层的过程中，与大气产生摩擦、燃烧、发光，这就是流星。

像流星这样奇妙的自然现象，几乎每天都能见到。那个不明飞行物不是彗星，会不会是流星呢？

可是李竞同样也推翻了“流星说”的可能性。他解释说，流星基本上没有方向性，完全是混沌的、任意的、随机的，在地球上看到流星的很可能从地下往上走。然而那个不明飞行物却有着明确的飞行方向，而且从尾迹上看，李竞认为它也与流星大不一样。此外，流星是一个瞬间的景观，像一道夜光弹，有着非常直的轨道，而一个有着扇形尾迹的不明飞行物显然不会是流星。

地球上几乎每年都有很多人目击到认为是外星人飞行器的不明飞行物，这些不明飞行物被统称为 UFO。在上万起目击报告中，研究者发现这些 UFO 大都是飞碟的造型，或者是各式各样的圆形发光体，那么从文斌眼前飞速掠过的圆形发光物，有没有可能是传说中的 UFO 呢？

其实，除了文斌外，还有另一个航班上的机组人员也目睹了那个神秘的飞行物。

李海涌（化名）当天所飞的是从云南昆明飞往新疆乌鲁木齐的航班。在 21 点 10 分左右，李海涌在自己右侧前方 50 千米的地方，发现有一个发光物迎面飞来。亮光好像锥形体，冒出的烟则是翻卷式的。

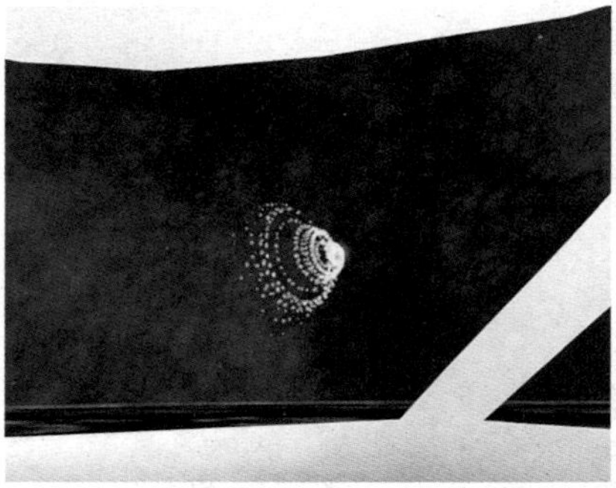

亮光像锥体，冒出的烟是翻卷式的

然而让李海涌更为吃惊的是，当他把看到的情况向地面空管部门汇报后，得到的回答却是雷达上没有任何显示。他连忙察看了飞机上的雷达显示屏，发现它和地面雷达一样毫无显示，这说明发光物体的组成成分并非金属，雷达对此无能为力。

这是李海涌过去 30 年飞行生涯中从未遇到过的怪事，虽然此前他也曾遇到过一些不明飞行物，但是他觉得这次与以往大不相同。

李海涌以前看的不明飞行物大多小如星辰，通常是一个小亮点，向着一个方向移动，颜色有的会发生变化，有的不变。而这一次，他看到的飞行物体积比较庞大，而且它的飞行速度比以往任何一个不明飞行物的飞行速度都更慢。

李海涌（目击者）：“如果它的速度快的话，我们和它很快就会擦肩而过，但它速度比较慢，而且一直保持着这个速度。”

李海涌发现发光体 10 分钟后，它消失了，到最后他也没有搞清楚这个奇怪的现象到底是什么。

李海涌已经有 30 年的飞行经验，在空中来去这么多年，也见过不少无法解释的飞行物体，但他觉得这些现象和星星有关，是天空中的星星造成了错觉。

李海涌之所以会这样猜测，是因为过去的 UFO 事件中曾经有过类似的情况。

有时候人的眼睛会被金星误导，因为金星确实非常亮。有时候金星看起来就像一个大探照灯那么大而明亮，这种错判的情况在过去屡有发生。

金星，又称太白星。它随着太阳的升起而出现，随着落日而消失。之所以有许多目击者会把金星误认为 UFO，主要原因就是它反射太阳光的能力实在是太强了。据李竞介绍，月球的反光率非常之低，如果把进去的太阳光设作 100，那么出来的时候光就只剩下了一个小零头。而金星不同，金星的太阳光照上去如果是 100，反射回来的时候可能是 65。

即使如此，金星离地球也有 4 000 万千米。如此遥远的距离，仅凭肉眼，人们能否看到金星的运动?

李竞对此的回答是根本看不出；金星和地球之间的距离实在过于遥远，对于人眼来说无法察觉它的移动。此外，从不明飞行物螺旋状的尾迹上，李竞也丝毫看不出任何与金星有关的地方。

李竞：“我从画面上看见，那显然是气态的。无论是飞机、气球、人造卫星，所有这些都跟气态的发光体相差甚远。即使是一个特技的飞行器，也不是那样子。”

李海涌把看到的情况向地面空管部门汇报，但雷达上没有任何显示

但让人感到困惑的是，几乎在同一时间、同一地点、同一个飞行物，两个机长各自的目击报告却截然不同。

首先，飞行轨迹不同。在文斌的目击报告中，它的飞行尾迹是直线型的，是直直地飞行过去；而李海涌的描述中，它却是螺旋形的，两个人看到了两种不同的飞行姿态。

其次，报告中的速度相差极远。第一位机长回忆说，那个不明飞行物飞行的速度快得不可思议，每秒能达到 55 千米，对于目前的人类发展水平来说根本望尘莫及，只有彗星、流星这样的天体能够做这种运动。而根据第二位机长的判断，这个不明飞行物的速度并不快，大致上在每小时 300 千米左右，而他所驾驶的那架飞机，在万米高空的时候基本上能达到每小时 800 千米。如果两个物体相对而言运动速度都不是很快的话，那么李海涌机长看到的发光体可能基本上就处于一个固定状态。

两个机长在同一时间、同一地点，对于看到的同一个飞行物体所描述的飞行轨迹、飞行速度却迥然不同，这是否意味着这个奇异的飞行物就是一个 UFO？或者更确切地说，它是否是不明飞行物中最特殊的一种，也就是外星人驾驶的飞船呢？

之所以说这个发光体是一个奇异的飞行物体，是对于它的飞行速度和飞行姿态而言。首先是它的飞行速度，从两位目击者证人的描述来看，这个不明飞行物的速度变化既大又迅速，最快速度至少达到每秒 55 千米，而最慢下限可至每小时 300 千米甚而更低，如此宽泛的变化幅度能在瞬间完成，说明它对飞行速度的控制非常之快。另外就是发光体的飞行姿态的改变，起初它是沿着直线飞行，顷刻之间就能改换成螺旋形前进的方式，说明它的飞行姿态也调整得非常快，这同样是人类无法效仿的。

虽然飞行速度改变和飞行姿态调整速度这两项，以人类的科技水平还不能达到，但想仅凭这两点因素就判定“9·8”不明飞行物是一艘外星智慧生物驾驶的飞船，还远远不够。想要拿出足够硬实的证据说服世人，调查仍得继续深入。

正当人们对此不明飞行物的身份难以定夺的时候，一篇有关扇形与螺旋状UFO分析研究的文章，引起了调查者的注意。

文章的作者王思潮是南京紫金山天文台的研究员，30多年前，一次偶然的经历激起了他对UFO的兴趣。

1971年9月26日，我国出现了一次很奇特的螺旋状发光物的现象，当时这个目击报告寄到了天文台，王思潮发现自己不能解释它。

这件事触动了王思潮，他不禁思索为什么天空中会出现一些天体现象无法解释的不明飞行物。从那以后，他开始关注并搜集我国的UFO事件，并把重点放在了螺旋状UFO上。

王思潮发现这些螺旋状的不明飞行物有若干共同的特点：第一，它的形状有些像蚊香，但和蚊香相比，它的外沿更宽一些。第二，它的飞行高度都很高，其中比较低的也在130千米的高空，较高的能达到1 500千米左右的高度。

此外，王思潮发现绝大多数的螺旋状UFO在飞行的过程中，都出现了悬停和旋转的现象。而且，尽管它们都在大气层以外飞行，但是速度竟然比人造卫星的速度更慢。在理论上，以这样的低速飞行，用不了多少时间就会被地球引力牵扯得掉落下来，但时至今日，还没有人看到过螺旋状UFO坠落，而这种情况在“9·8”新疆UFO事件中也没有发生。

雷达一下就可以照出金属来，说明它不是金属

因为螺旋状UFO有诸多奇特的

特性，再加上王思潮以前一系列的研究，因此他认为，不能排除它和地外智慧生命的飞行器有关的可能性。

从“9·8”不明飞行物飞行的速度以及它极善于改变自己飞行姿态的特点来判断的话，它和王思潮先生所说的由外星智慧生物驾驶飞船的飞行方式非常接近。但由此就判断出现在新疆奇台地区上方的不明飞行物就是外星人的飞船，仍太过于轻率，还需要有更多更好的证据来证明外星智慧生物的论点。

2. 相机镜头中的不明飞行物

在现代这个信息异常发达的社会中，世上发生的任何事情都逃不过铺天盖地的媒体舆论，也避不开迅捷强大的网络搜索引擎，因此，当调查方向转到互联网上后，很快就搜索到了 3 张相关照片。

这 3 张照片的拍摄者名叫张景平，拍摄地点则是新疆喀纳斯，正好和两位空中目击证人所在的位置大致相同。由此可以判断这三个目击者看到的是同一个不明飞行物，唯一不同的是两位机长只有口述记录，而张景平把当时的所见抓拍了下来。

2005 年 9 月 8 日，张景平正在新疆喀纳斯地区旅游，行程中他无意之间抬头观望，却意外发现天上有一个不明飞行物。他在第一时间内举起手中的照相机，抢拍了 4 张照片，并把其中的 3 张在网上发表了出来。

张景平的照片立即引起了轩然大波，不仅仅是因为他拍到的 UFO 照片，更重要的是，恰好就在同一天，我国大连正在召开一个名为世界 UFO 大会的研讨会。因此很多 UFO 的爱好者相信，在开世界 UFO 大会的时候出现不明飞行物，正是外星智慧生物给人类发来的一种信号。虽然坚持这种观点的人很多，但持有不同意见的人也不在少数，其中也包括各领域的专家。在这种争执不断的情况下，照片的拍摄者张景平的目击报告显得尤为重要。

曾在河南省郑州市豫剧三团乐队任指挥的张景平爱好摄影，平素就一直留意关注摄影方面的介绍。他曾在不少摄影杂志、地理杂志上看到介绍新疆喀纳斯的文章，那些文章称喀纳斯是人类的最后一片净土，这让张景平对那片遥远的土地心生向往。

2005 年秋天，一次偶然的机会让张景平和家人一起来到了向往已久的新疆喀纳斯旅游风景区。

9 月 8 日当晚，张景平和家人住在离喀纳斯湖大约 60 千米的某部队招待所。晚饭后，他和儿子来到招待所前的平台上，想看看夕阳下的中国西部第一村——白哈巴村的景色。

白哈巴村离我国与哈萨克斯坦的边界线只有十几千米，小山村虽然只有十几户人家，但是却生活着两个不同生活习惯的少数民族——蒙古族图瓦人和哈萨克族。据当地学者介绍，公元 1217 年，成吉思汗率领 20 万大军西征，他们从蒙古高原翻过阿尔泰山来到喀纳斯湖畔，并在这里安营扎寨。有人猜测如今这些生活在喀纳斯的图瓦人，很可能就是当年那些蒙古将士的后裔，尽管经历了历史变迁，但是图瓦人依然保留着祖先的生活方式。

就在张景平全神贯注地进行拍摄时，突然听见背后有人议论说，天上出现了可疑的发光物。他放下照相机四处环顾，转身就看到了天空中的发光体，张景平不假思索，立即将镜头对准了发光体。

张景平目击不明飞行物的时候，天色还没有完全暗下来。就他所见，这个发光体呈长条状，斜着在空中向前飞行。由于发光体一直缓慢地持续飞行，张景平只能跟着它，边走边拍。

据张景平回忆，当时快门闪动的时候，照相机的取景器显示是黑色的，因此究竟拍了什么样的图像，自己的印象并不深。但是就在第三次按下快门时，他发现发光体的运动轨迹突然改变了，原本直线飞行的物体突然开始旋转，再过了一会儿，发光体猛地消失不见了。

教堂

奇异的自然现象

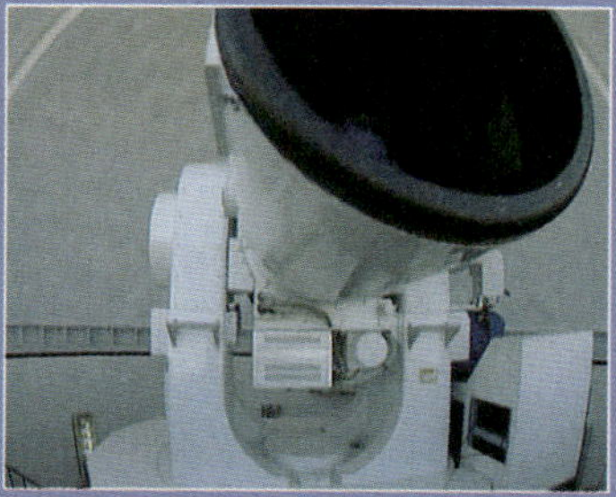

天文台

从张景平发现天空中的不明飞行物开始拍摄照片，到它消失不见踪迹，时间不过30秒左右。就在这短短的30秒时间内，发光体从直线飞行变成了螺旋状飞行，这着实有些出人意料，张景平说自己以前从没有看到过发光体这么快速地在空中移动。

张景平（目击者）：“我当时拍完照片以后，有些也看到了发光体的战士还在开玩笑说，那肯定是外星人的飞碟。”

对于战士们的猜测，张景平半信半疑，因为在这件事情之前，他认为外星人根本不存在。从根本上说，张景平并不相信地球外智慧生物、UFO这些神秘的存在，但他觉得如果自己拍到的发光体是UFO的话，也是颇有研究价值的证据。

第二天，带着种种猜测和疑惑，张景平和家人离开了喀纳斯风景区。

事情过去半年多后，张景平再次拿出了那4张照片，并按当时拍摄的顺序把4张照片编号排列开来。其中，编号为1、2的画面基本上没有太大的区别，可是3号的画面就突然发生了变化，发光体已由长狭状的物体转而聚成了一团，而到了第4张的时候，这个团状发光物又似乎延展了开来。

这也就解释了为什么两个飞行员会有不同的目击证词，虽说他们是在同一时间、同一地点目击了同一个不明飞行物，但是即便如此，在目击时间上仍有着微妙的差别。仔细分析照片后可以发现，1号、2号照片中不明飞行物基本上保持直线型的飞行轨迹，所以呈现出扇形的尾迹；而到了3号、4号的时候，它的飞行姿态和飞行速度都已经发生了变化，转而呈现出螺旋形状态，这种状态在4号照片上表现得尤为明显。

通过 4 张照片的排列顺序，一个结论呼之欲出：两位飞行员看到的是同一个不明飞行物，但他们看到的是这同一个物体在不同飞行阶段中的状态。

张景平拍摄的后两张照片更是引出了尘封的记忆。这 2 张照片一张似云，一张像闪电。这种奇怪的状态、奇怪的现象，让人联想起过去发生的另一桩 UFO 事件。

1994 年 11 月 30 日凌晨 3 时，在贵州省贵阳市北郊都溪林场上空，有目击者看见 2 个圆形发光体在空中翻滚。事后，人们发现不明飞行物飞过的地方有近 400 亩树木被折断。更让人奇怪的是，无论是林场内，还是附近的工厂，都完全没有人员伤亡的情况发生。这起发生在都溪林场的怪事，因此而被称为中国第二大 UFO 悬案。

事后不久，有关部门组织大气物理等专业的 12 名科学家，前往实地考察，经过分析最后认定这是一起由大气现象引发的 UFO 事件。参加那次调查的人员中，就有中国科学院大气物理所的高登义研究员，而高登义的手中，有一张与“9・8”新疆 UFO 事件非常相似的不明飞行物照片。两者之间不仅形状非常相似，就连移动方式也异常相像。

据高登义介绍，这张照片是他 1978 年在新疆北部的塔城地区考察时意外拍到的。

1978 年 7 月 29 日当地时间 12 时左右，高登义正在屋中忙着手头工作，突然听见外面有人喊叫说天空中出现了一个发亮的物体。他赶忙奔出屋查看，发现一个不明飞行物在离地面大约几千米处的高空中飞行。

虽然飞行速度并不是很快，但高登义很快就感觉到那是一个被人操控的飞行物。因为不明飞行物从西北方向飞来后，在塔城上空慢速停留了 3—5 分钟，随后又转向东北方向，飞出了他的视线。

高登义（中国科学院大气物理所研究员）详细描述了他所见到的不明飞行物的形状：“它的左端看起来非常明亮，而且还带有一点螺旋。因此我猜测，有可能左端这部分才是它真正的本体，而右端可能是和别的东西混杂在一起，比如和一朵云混在了一起，或者别的什么东西，这些都有可能。”

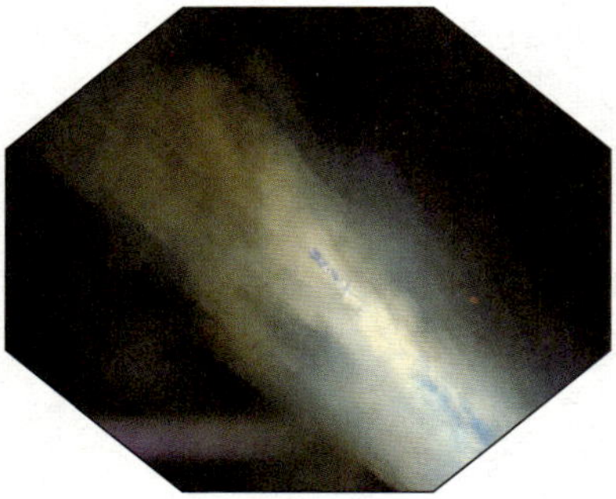
一个长形的发光体，斜着在天空向前飞

时至今日，高登义拍到的不明飞行物究竟是什么，仍然悬而未决。而在事隔 28 年之后，类似的现象又在同一地区出现了。

在野外考察中，高登义经常能在空中发现类似照片中的奇怪的大气现象，对此他早已习以为常，并解释了其中的成因：当太阳从云层上斜射而下，而非从顶上直射下来的时候，有很高的概率会出现这种大气现象。因为云层中含有水汽，甚至冰晶，当阳光穿过它们以后，必然发生折射、反射和散射。

而“9·8”的不明飞行物出现时，恰逢当地太阳落山之际。那么目击者拍到的不明飞行物会不会就是大气中某种光学现象导致的呢？对于这个推测，高登义一时难下结论。

高登义：“这些照片上的云和这种大气现象不太一样，因为在它左侧的地方有一个亮点。我觉得这可能是拍摄技术问题，或者是拍摄过程中有其他什么影响因素造成的，具体的原因我不太清楚。”

另外，高登义还在其中发现了一些无法用大气现象解释的疑点。照片中的云并非均匀排布，当阳光穿过云层后，出现了数量众多的光束，虽然这些光束遍布四处，但仍可以看出它基本上是由同一个物体所发射出来的光线，并能判断出那是一种流线型的物体。

既然云层中不会产生这种大气现象，那“9·8”新疆 UFO 事件中的不明飞行物究竟是什么呢？

重新返回来分析不明飞行物，它出现的螺旋状尾迹其实很好理解。只要它进行旋转运动，就会出现这种尾迹。接下来该解释的是它周围产生的光晕，经了解，某一种拍摄手法的确能营造出类似的效果，在拍摄照片的过程中，只要快门速度调整到足够低的程度，此时如果在镜头前有会飞的物体飞过的话，例如蚊子、蛾子甚至是小鸟，它都会划出一道非常美丽的发出暗淡光线的痕迹。

不明内情的人将这种痕迹称为“飞棍”，甚至有时候会被误认为是一种不明飞行物。

张景平所拍摄的4张照片是否会和他的快门速度有关呢?

在被问到这个问题后，张景平很确切地告之，拍摄编号为3和4的2张照片时，他的的确确把快门速度调慢了。这样一来，在他拍摄的照片上出现了奇怪的光晕，也就可以理解了。

幸运的是，发生“9・8”新疆UFO事件的时节正是喀纳斯地区的一个旅游旺季，据估计那时曾有成百上千甚至更多的游客聚集在喀纳斯附近观光旅行。虽然调查的时候已经距离事发时间过了大半年，只寻找到了张景平一个游客的目击证据，要想继续寻找其他目击到不明飞行物的旅游者难度较大;但另一方面，当地也有不少常住居民，他们中有人目击不明飞行物的可能性同样存在。

2006年6月初，“9・8”新疆UFO事件的调查重新回到了新疆喀纳斯地区。

喀纳斯风景区位于新疆北部，与哈萨克斯坦、俄罗斯、蒙古三国接壤。特殊的地理位置使这个隐藏在大山深处的地方显得幽深诡秘。近年来，草原上不断出现的奇特人形石柱，又给这个原本就十分神秘的地方蒙上了一层更加神秘的色彩。

矗立在草原上的人形石柱，全都由岩石雕凿而成。据当地学者介绍，这些草原石人已经在此地静立了将近千年的时光。至于它们是什么人，又来自何方，这一切至今都还是谜。而更令人惊奇的是，在这群石人中，竟然有一尊头戴宇航帽、身穿宇航衣的石像。

人类第一位进入太空的宇航员是苏联的加加林，从那时到现在，不过50年的时间，而这尊看上去仿佛穿宇航员装束的石人，却是出现在千年前的古代。

难道喀纳斯古时就曾经有外星人来访?

如果事实果真如此，那在喀纳斯景区就不仅仅只有2005年9月8日这一天出现过不明飞行物，然而当地居民泰阿什白的说法却险些推翻了这个推测。

泰阿什白已年近古稀，是当地的图瓦族人。他祖祖辈辈在喀纳斯生活了已经有三四百年的时间。在他的记忆中，他既没有亲眼看见过天空中发光的不明飞行物，也没有听其他老人说起祖上曾经发现过类似的事情。

泰阿什白老人的回答着实出乎调查者的预料，如果在老人生活的69年中，甚至在他祖辈们生活的三四百年里，喀纳斯都没有出现过不明飞行物的话，那么那尊出现在一千年前的宇航石人该如何解释呢？

有关部门组织专家实地考察

随着调查的继续深入，调查者发现了其中所隐藏的一些事实。

图瓦人虽然有自己的语言，但是却没有自己的文字。所以关于祖辈生活的那些年代里，喀纳斯究竟发生了什么，并没有任何文字记录。此外，图瓦人有自己的信仰，在他们的眼中，自然界中一切都是神圣的，任何人都不能妄加议论，即使是天空中出现了不明飞行物也不例外。有这样的信仰背景，调查工作自然不会有所收获。无奈之下，调查人员决定询问在喀纳斯景区工作的人们，看看能否从他们那里发现一些新的线索。

哈萨克族小伙子沙瑞在喀纳斯景区工作已有8年时间。据他反映，2005年9月8日晚上9时左右，他曾在天空中看到一个发光物。他回忆说那个发光物异常明亮刺眼，发出的光为白色，飞行了1分钟左右飞到了他的头顶上空，在空中盘旋了两圈之后，瞬间不见了踪影。因为飞行速度过快，他没能看清它离开的方向。

沙瑞本以为这件神奇的事情就此结束，没想到事隔1个星期之后，也就是2005年9月15日的这一天，他再一次目睹了天空中的不明飞行物。这次的不明飞行物呈现圆球形态，但和9月8日晚出现的飞行物一样异常明亮，在他看来和电视上出现的UFO基本上一样。

而景区内另一些目击者的目击证词和沙瑞大致相同。一位目击者记得不明飞行物发出的是一团蓝光，身后的闪光形成了犹如火光一般的明亮光迹，飞到半途的时候它突然散开，从一团光芒变成了类似蚊香的螺旋状，前后出现的时间有 5 分钟左右。另一位目击者描述不明飞行物的飞行轨迹是斜着飞行，而不像卫星升空那样笔直地上升。还有目击者形容它就像一只不停旋转的孔雀，越旋转越小，最后消失在天际。

尽管景区内有许多目击者看见了不明飞行物，但是对于它的形状，却是各执一词，说法不一。

这些目击者所在的位置分别是喀纳斯景区内的哈巴河村、喀纳斯村、喀纳斯湖和林海山庄。也就是说事发当时，只要在景区的游人，都有可能看到了这个不明飞行物。通过这些目击者再加上之前空中两位目击者的描述，已经大致可以描绘出不明飞行物的轮廓：一个拖着扇形尾迹的圆形发光物，自西向东飞行，在飞行了一段时间之后，在极短时间内改变了飞行轨迹，由直线变成螺旋飞行。

这样看来，这个不明飞行物确实太奇怪了。除了飞机的特技表演之外，人类恐怕不会有任何飞行器能按这样的轨迹飞行，但是在这之前调查人员已经排除了飞机的可能性，如此一来，“9·8”新疆不明飞行物是传说中的 UFO 的可能性就更大了。

3. 真相大白

但是调查人员对于是否就此下结论依然犹豫不决，因为到目前为止，只有几份目击报告、4 张照片，证据仍嫌过少，不明飞行物对调查人员来说还是神龙见首不见尾。就在调查人员举棋不定时，一条新的线索浮出了水面，据说在事发当晚，有人用摄像机拍到了不明飞行物。

蓝光后面的闪光形成了像火光一样很亮的光

2006 年 6 月初，在几经周折后，调查人员在深圳找到了这位拥有宝贵影像资料的目击者——蒲国榕。提起上一年经历的不明飞行物事件，蒲国榕依然兴奋不已，滔滔不绝地说起当时的情景。

据蒲国榕回忆，2005 年 9 月他随单位组织的考察团来到了新疆。9 月 8 日这一天，考察团结束了所有工作之后，一行十几人来到了著名的旅游风景区喀纳斯。

那一天是农历八月初八，在蒲国榕的印象中南方已经到了秋雨绵绵的时节，可是在喀纳斯却仍是晴空万里。傍晚，夕阳西下的壮美景象让爱好摄像的蒲国榕喜出望外，就在他兴致勃勃地要把眼前的美景尽收眼底时，突然听到有人在喊叫着让人看天上。

蒲国榕依言抬头望去，立刻从摄像镜头中看到了一个非常明亮的物体在天空中移动，它的身上发出 5 束异常强烈的光束，尾迹呈扇形，自西向东飞行。蒲国榕注意到不明飞行物的飞行方向和光束的方向正好相反，在下一刻他意识到自己看到的可能不是光束，而更类似于推进器喷出的气流与空气、尘埃混合反射后产生出的光线。

不明飞行物当时的速度并不快，蒲国榕还能举着摄像机，边走边拍跟上它的移动速度。途中因为地面不平还差点摔了一跤，造成画面的剧烈抖动。绕过一个柱头后，蒲国榕手中的摄像机已经仰起到了极限，不明飞行物一直沿着斜线往上飞，它已经快要超出拍摄高度了。

突然之间，不明飞行物像是发生了爆炸，爆炸瞬间发出的闪光掩盖了一切，摄像屏幕上一片黑暗。下一瞬间，又一个小亮点出现了，随后这个新的亮点逐步逐步扩大，接着开始旋转，旋转成了一个非常规则的螺旋。

然而，让蒲国榕匪夷所思的是，在不明飞行物出现前，天空中竟然没有任何预兆。对此，他只能理解为它当时静止在天空中没有运动，或者是隐匿了强烈的光束，在天上不为人所注意地慢慢飞行移动。

不明飞行物的异常举动，让原本不相信有外星人的蒲国榕，心里犯了嘀咕。

蒲国榕（目击者）：“一开始没有人看到不明飞行物的飞行，也没人看到它悬停在空中。也许是它准备走了，开始飞行了，才有人突然看到这 5 束光。

所以马上就有人开玩笑说，天外来客来了。”

从此以后蒲国榕对 UFO 有了新的看法，他认为在远离地球的太空中，可能真的有比我们人类还要聪明的智慧生物，他们可以制造并且驾驭比光还快的飞行器。

直到调查人员拿到这段录像之后，他们才算是用自己的眼睛目睹了这个传说中的不明飞行物。结合天上、地下的目击者以及先前得到的一系列资料来分析，不难看出那天晚上到底发生了什么事。

就在 2005 年 9 月 8 日的晚上，一个圆形的发光物体出现在了喀纳斯地区上空，它自下而上地飞行，身后拖着一条长长的扇形尾迹。突然之间它似乎在空中消失了踪影，片刻之后它又神秘出现。之后它的运动轨迹发生了急剧的变化，出现了螺旋形的状态。

从不明飞行物的飞行变化中可以推断出，它绝对不会是飞机。如今人类所设计的能够飞行的飞行器中，只有特技表演的飞机才能够完成类似的飞行轨迹，但是飞机不可能发出如此强烈的光线。此外，从常理来说，也不太可能有人在夜里进行飞机的特技飞行表演。

整个过程中最为神奇的是，有一段时间内不明飞行物失去了行踪，蒲国榕的摄像机什么也没有拍到，整个屏幕都显示一片黑暗。

这个物体到底是一个什么东西？为什么它的运动姿态会这么的神奇诡异？

带着诸多无法解答的疑问，调查人员再次找到了专门从事扇形和螺旋状 UFO 研究的王思潮。当他看完录像之后，对眼前这个不明飞行物出现的情况同样感到疑惑不解。

王思潮总结了不明飞行物飞行状态的变化过程：“开始的时候它的尾迹呈扇形向前飞，然后在途中停顿了一下，停止了喷射，接着发生了爆发，爆发完以后，它就自己旋转了起来。一边旋转一边喷，有点像我们放焰火。”

另外，王思潮还发现这次出现的不明飞行物与他以往研究过的螺旋状 UFO 有明显的差别。

王思潮研究的许多不明飞行物基本上都是平飞，还没有遇到过明显的上升或者下降的先例，而录像中的不明飞行物却是斜着向上飞行。飞行物表现出的种种怪异现象，让从事了多年 UFO 研究的王思潮犹豫不决，难道“9・8”新疆 UFO 事件中的不明飞行物，并非是自己研究的螺旋状 UFO 吗？

在经过慎重考虑后，王思潮指出，这个不明飞行物是否会是火箭飞船发射后下落的第三级火箭？

火箭是人类进入太空必不可少的运输工具，随着人类逐渐进入太空深处探测，人类设计制造了由几个单级火箭组成的多级火箭。根据王思潮的推测，调查人员转移了调查方向，找到专门从事航天器设计的专家，希望从中能有一些新的发现。

据中国运载火箭技术研究院总体设计部总体室主任彭小波介绍，类似于运载火箭这样的航天器，它们本身的箭体结构都是柱形的，上面整流罩则是球形的。因此，火箭柱体的周边呈圆弧状，在它远离地面之后，映入人们眼帘的火箭就成了一个圆形物体。而根据不明飞行物发光的强度来判断，专家们也怀疑这与火箭有一定的关联。

葛玉君（航天集团五院研究员）：“实际上，火箭上唯一能够发光的就是发动机喷出来的尾流火焰，特别是推力比较大的运载火箭，后边如果有 2 个、3 个，或者 4 个这种发动机的话，它有可能感觉像是一个探照灯照在后面。”

假如不明飞行物就是火箭的话，那么它为什么会在飞行过程中突然消失呢？

葛玉君和彭小波分别解释了可能的原因，假设第一次的亮点是一子级火箭的飞行，中间暗下去的这一段时间正是一、二级火箭的即将分离，接下来出现的新的亮点则是二子级火箭的飞行。

蓝光不像卫星那样直直上去，而是斜着，亮亮的

从专家们的分析中，调查人员已经察觉到“9・8”新疆 UFO 事件中的不明飞行物，很可能就是人类的运载火箭。但是此时仍然有疑点没有解释清楚，那就是录像中的螺旋状轨迹，难道那也是火箭的运动轨迹吗？

亮点逐步地扩大，然后就开始旋转

一直以来困扰在所有目击者心中的这个问题，如今也摆在了专家们的面前。

葛玉君："如果说还有疑问点的话，就是最后的这个螺旋线飞行。如果这是运载火箭，那应该看不见这种螺旋的运动，看到的也应该是类似先前这个发光体产生的光线一样，一直往一个方向运动，这样的话就更吻合一些。"

如果火箭在运载过程中不会出现旋转，那么那条螺旋轨迹又是怎么产生的呢？

彭小波随即提出了一种可能性，他认为，如果是火箭的残骸或者是卫星的残骸，因为本身结构设计上的特点，它在下落的过程中会产生翻滚，而在翻滚过程中，就会产生螺旋。而且火箭残骸在坠落的同时，与空气相互摩擦燃烧后，也会产生烟气。

种种迹象已经表明，"9·8"新疆 UFO 事件就是人类进行的一次航天活动，但是否真的可以盖棺定论，事实的真相的确如此？

从我国航天发射的情况来讲，航天器的航迹经过新疆北部的可能性并不大，而且从蒲国榕拍摄的时间来看，我国当时应该没有类似的发射活动。

既然 2005 年 9 月 8 日这一天，在我国没有航天发射活动，那么目击者在喀纳斯的上空看到的飞行器是从哪里来的呢？

疑问很快就得到了解答，据彭小波介绍，在新疆北部以西 1 600 千米左右，是哈萨克斯坦，也就是苏联拜克努尔的发射场。如果从拜克努尔发射场向俄罗斯远东地区进行航天发射活动的话，它的地面航迹就有可能经过我国新疆北部的喀纳斯湖地区。

查阅纪录，据新华社报道，2005 年 9 月 8 日北京时间 21 点 07 分，一艘名为 M54 的货运船从北纬 46° 东经 63° 的哈萨克斯坦的拜科努尔发射场顺利升空，前往国际空间站。21 点 09 分，运载火箭改变飞行方向，以 50° 左右的倾角从西向东南方向飞行。

这时，从山东济南飞往新疆乌鲁木齐的某航班机长文斌恰巧在奇台上空发现了不明飞行物，他看到的不明飞行物刺眼得就像有手电筒照着自己的眼睛。

同一时刻，正在白哈巴村拍摄夜景的张景平也看到了不明飞行物，并拍到了4张照片。

运载火箭继续向东飞行，这时正在喀纳斯湖附近的沙瑞发现了不明飞行物。

21时12分，运载火箭到达50千米高空，一级火箭发动机关闭。

站在林海山庄门前的蒲国榕发现天空中出现的异常情况，并拍到了录像。

蒲国榕：“它爆炸一闪，就什么也看不见了。”

21时12分，一级火箭分离，火箭残骸物极速坠落，在穿越大气层时，与空气摩擦燃烧形成长长的烟气。

这时，从云南昆明飞往新疆乌鲁木齐的某航班机长李海涌恰好到达这里。

（李瑛）

中国 UFO 悬案调查·魅影追踪

2005 年 9 月 25 日傍晚，一架满载乘客的航班在万米高空遭遇不明飞行物；4 个城市的人们同时目击不明飞行物。翻查纪录却发现它在 30 年间频频出现。这是奇特的自然现象，还是神秘的外星飞碟？

1. 螺旋状发光体与多位目击者

说起 UFO，任何一个人心中都会涌起无名的激动，因为我们总是把 UFO 和外星人驾驶的飞碟联系在一起。

曾有专家理论地分析过这种心理，他认为这是由人类与生俱来的孤独感造成的。人类想从茫茫星海中找到一颗星球，那颗星球上有着和我们一样的智慧生物，他们会成为人类的伙伴。如果不那么想的话，人类未免太孤独了。

一个奇异的亮点出现在飞行员们的视野中

UFO 既然身份不明，来历不明，人们就可以给以各种各样的解释，任何一种解释，除了涉及神鬼妖魔的，大家都可以说它是比较合理的。事实上，如今的科学界也承认一个事实，

在落日余晖映照下，那个亮点格外醒目

那就是宇宙如此浩瀚，星球多如恒河之沙，生命的形式也是多种多样，谁也不敢保证在宇宙中只有地球上有生命的存在。

2005 年 9 月 25 日，在我国发生了一起 UFO 的目击事件。

这起事件的目击范围之广，可以说是历年来比较罕见的。整个东北全境，包括黑龙江、吉林、辽宁，乃至内蒙古、山东等地都看到了这个 UFO 的出现。发生在我国的 UFO 目击事件，每年都会有很多起，但是像这次那么大范围，这么多人都同时看到的仍属罕见。

数年前，北京也曾轰轰烈烈地闹过一阵子 UFO 风潮。当时每日下午，北京的西北方向上空都会出现一个长棍状的不明飞行物，并拖着非常美丽的尾烟。后来经过调查发现，原来每天夕阳西下的时候，正好有飞机从该处上空经过，在光线的折射和人眼的误判下，才把一架飞机看成是一个棍状的不明飞行物。

世界各地不少 UFO 事件都是北京 UFO 事件的翻版，最后证实不过是鸟群、火箭残骸或者未被人看清的普通飞行器，由光线效果、目击者的误解等因素造成。但并非所有的 UFO 都是一场误会，有些神秘的飞行物至今都未有人解开其中的谜团，以下就是其中一例。

2005 年 9 月 25 日傍晚，中国南方航空公司 6358 次航班按照预定航线从深圳飞往青岛。

18 时 30 分左右，飞机开始下降高度，准备在青岛流亭机场降落。就在此时，一个奇异的亮点出现在飞行员们的视野中。

沈宏实是中国南方航空公司吉林分公司的副驾驶员，当时，身为 6358 机组观察员的他就在驾驶舱内。他发现在落日余晖映照下，那个亮点格外醒目。

当时飞机的飞行高度是 7 千米左右，机长发现飞机正前方空中有物体出现。沈宏实正坐在驾驶舱右座上，他通过风挡玻璃眺望出去，发现前方有一个不停旋转的内螺旋形物体，散发着蓝中带白的光芒。

按照以往的经验，机组判断这很可能是同一航线上的另一架航班。因为按照民航空中管理的规定，只要不超过安全间隔距离，同一航线上允许有第二架飞机飞行。

据民航青岛空中管理站副主任赵凯介绍，各类航空器飞行时相互之间的飞行安全间隔有具体标准，按航空器的相关位置分为垂直间隔和水平间隔。

垂直间隔是指航空器之间、航空器与地面障碍物之间保持的高度差。飞行中的航空器，按指定的飞行高度飞行，保证相互间的安全垂直间隔。水平间隔又分为横向间隔和纵向间隔。纵向间隔是指在同一时间、同一航迹、同一高度上飞行的航空器前后之间保持的水平间隔；横向间隔是指在同一时间、同一航迹、同一高度上飞行的航空器左右之间的水平间隔，也称侧向间隔。

以往遇到这种情况，空管地面调度人员都会及时告知机组，但这一次6358机组没有得到任何提示，机组疑虑之下迅速呼叫了地面指挥。

房彦鹏（民航青岛空中管理站区域调度室副主任）："当时6358机组通过声高频与我们地面管制人员取得联系，询问他们飞机对面是否有一架相对飞行的飞机。我们的管制人员通过雷达屏幕观察，确认没有任何相对飞行的飞机，也没有和他距离相对比较近的飞机。但他说他就在驾驶舱里面，通过风挡玻璃看到有一个亮点在他前面。"

通过肉眼就能清晰可见的神秘飞行物，雷达上却没有任何显示，是否是雷达出现了异常？

姜旭波（民航青岛空中管理站雷达室主任）对此进行了解释："在雷达监测过程当中，地面指挥只针对民用航空器，使用民用航管二次雷达进行监测，只有在飞机上安装了相应的应答装置，并且在应答装置处于工作状态的时候，二次雷达才能够观测到目标的存在。"

螺旋形的发光物体一直在转

航空领域使用的雷达大体可以分为

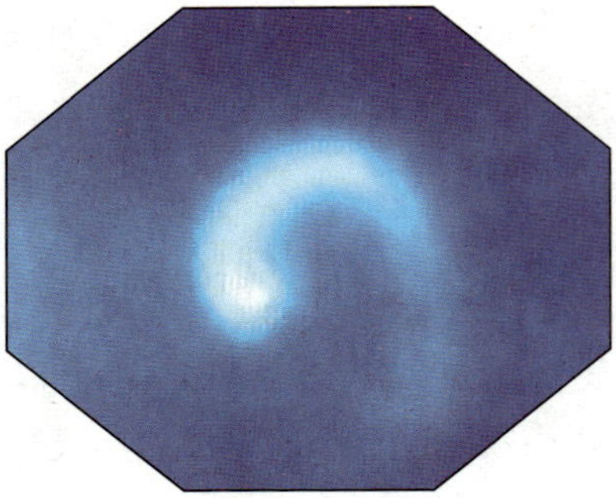

发白的蓝色发光物体

两种：一次雷达和二次雷达。

一次雷达，也称主动雷达。主动雷达运行起来后，以雷达天线发出一束一束的雷达波。若雷达波在运行过程中遇到障碍物，就会产生反射，反射回来的雷达波传送到显示屏幕上，就能以此判断出障碍物大致的大小以及它的方位。

而民用航空器上使用的并非这种主动雷达，它使用的是一种询问应答式的应答装置，需要事先安装在飞机上。当飞机经过某段空域的时候，首先由地面上雷达站的雷达天线调整好角度，正对着这架飞机的运行方向，同时向它发出一个询问信号，飞机上的接收装置接到信号后，飞机发回一个信号，通知地面自己的位置。这就是询问应答式的二次雷达，也称被动式雷达。

二次雷达在航空领域中应用非常广泛，可以说民航客机都装有应答式雷达。既然 6358 机组发现的不明飞行物用二次雷达探测不到，说明它不是一架民用飞机，另一种可能性冒了出来，它是否是一架军用飞机？

在这一带的空域的确常有军方的飞机训练飞行，而它们并不在民航空管的监控范围内。房彦鹏打电话向军方调度室寻求证实，军方调度室明确答复，当时他们没有任何飞行计划，也没有任何一架他们的飞机在此空中位置。房彦鹏随即把这种情况反馈给机组。

经过记者的求证，当晚在这一空域不仅没有军方的飞机飞行，而且军方的雷达同样没有监测到不明物体的存在。

这就是说，当晚 6358 机组看到的螺旋状发光物体，存在着两种可能性：一是它并不真实存在于青岛空域；二是真的是一个实实在在的不明飞行物。

回顾历史，20 世纪 40 年代，美国有人目击了一种碟状的不明飞行物，它们与众不同的外形和奇特飞行状态很快引起世人关注。之后，世界各地相继出现了类似的不明飞行物的报道。对于这些奇怪的现象，人们迟迟找不到合理解释，最多的猜测集中在外星智慧生物身上，认为这些不明飞行物和外星人驾驶的飞行器有关。

从20世纪70年代开始，随着UFO爱好者的不断增多，我国也相继涌现出了各种形态的UFO目击报告，其中，螺旋状发光物曾经不止一次出现过。

南京紫金山天文台的小行星专家王思潮对此曾经作过专门的数据统计。根据他的统计，螺旋状的发光体，从1971年9月26日至今，出现有十多次，与螺旋状发光体同样类型的，扇状的或呈光团状的，到2005年2月7日为止已经出现了19次。

几十年间，同一形态的不明飞行物反复出现，王思潮的统计研究侧面证实了这一次并不是6358机组的错觉。

当6358机组观察着不明飞行物的时候，神秘的发光物还在不停地移动。沈宏实发现，飞机不是在发光体的正后方，就是在它的正前方，因此无法判断出它的飞行方向。

无法判别这个神秘发光物体的运动方向，就意味着不清楚6358航班有没有和它相撞的危险。霎时间，机组人员的神经都绷紧了。

神秘发光体是点光源，因此难以判断出它的确切高度，也无法估测出和飞机的距离。沈宏实初步估计大概它的高度在1万米以上。在估测数据的时候，他忽然想起自己随身带有数码相机，他赶紧取出数码相机，对准发光体连连按下快门。第一张照片拍得不太成功，照片显示模糊不清，沈宏实放慢快门拍摄了第二张，采取3秒曝光拍，慢速拍，这次拍摄他感觉非常成功。

此时，由于飞机下降高度，沈宏实仅仅抓拍到一张照片，他的视线就被云层遮挡住了，那个神秘的发光物就这样消失在6358机组的视野中。

沈宏实拍摄下这张照片的确切时间是2005年9月25日18点33分，照片拍得非常清晰，照片上的主角虽然不大，但是异常明亮，螺旋形飞行的同时还在空中留下一条非常清晰的轨迹。

当时6358次航班正处在青岛市的南方100千米左右，从沈宏实的角度看来，只能判断出他的前方——北方出现了一个不明飞行物。至于这个不明飞行物距离飞机到底有多远，是否在青岛市的上空，神秘发光体到底是何方神圣，这些问题他都无法给出答案。

所幸的是 6358 次航班这次只是和 UFO 相遇，并没有造成意外事故，因此当飞机平稳落地之后，所有的机组人员都没有再把这件事情放在心上。然而，有时候事情偏偏就是那么巧，就在 6358 机组成员决定把遭遇不明飞行物的经历当作一个故事的同时，大连市旅顺口区的张兆文接到了一个奇怪的电话。

打来电话的是张兆文的丈夫葛焕青，那天晚上他在附近姜家村帮人修完电器正要回家，忽然发现有一个奇怪的发光物正在夜空中盘旋。惊讶之余，他迅速打电话叫妻子和家人也出来观看。

同一个时间，两个相距几百千米的城市，竟然都有人目击了神秘飞行物，他们看到的会不会是同一个物体呢？

2006 年 6 月，记者采访了大连的目击者葛焕青。经他回忆证实，他目睹的奇怪发光体在空中并不是做着直线运动，而是以螺旋式的方式运动的。

这点与 6358 机组人员的描述不谋而合。

经过调查，大连的目击者一致反映，当晚见到的是一个亮度很高拖着长长尾迹的发光物体，并且以螺旋形的运动轨迹从东南向西北方向飞行。随后记者又走访了葛焕青最初发现不明飞行物的地点——姜家村，那里的村民也证实了这一点。

葛焕青、张兆文夫妇起初以为他们看到的是一架出事故的飞机，但是很快又推翻了自己的看法，因为神秘飞行物以螺旋形轨迹飞行着，他们从没见过飞机能那样运动。

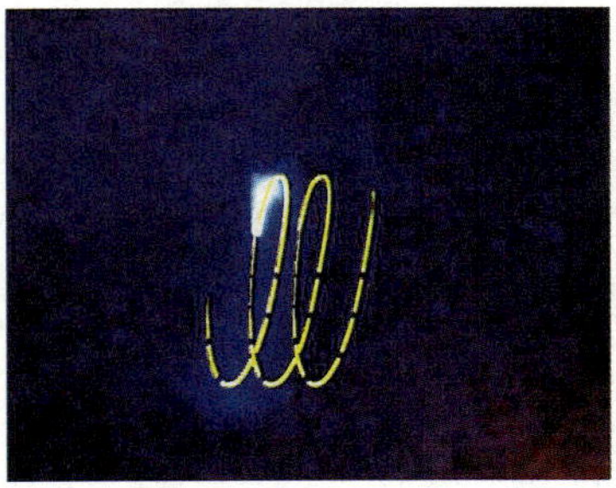

这种螺旋形物体飞行时留下一条非常清晰的轨迹

事实上，葛焕青夫妇根据飞行轨迹来判断它不是飞机，并不准确，因为在某种特定的情况下，飞机完全可以炮制出这种螺旋形轨迹。喷气式飞机在它的飞行过程中，发动机喷出的气体可以对大气产生强烈的扰动，当它从湿度较高的云层中穿过时，就会形成两股强大的涡流，而涡流的轨迹正是这种内螺旋状。

新的推测产生了，青岛至大连的空中直线距离仅有 300 多千米，9 月 25 日傍晚，6358 机组看到的会不会是一架正在大连空域飞行的飞机？因为空中交通管理也有区域划分，青岛航管部门并不知道当时大连空域是否有飞机。

相应的疑问也随即产生，是否可能在空中看到 300 多千米以外的东西？

张信民（飞行专家）：“主要是根据当时空中的气候状况，如果是晴天临近夜晚的话，月亮、太阳都可以看得见，能见度很好，视线基本上可以说是接近无限那么远。”

从张信民的说法看来，这个神秘发光体是一架飞机的可能性还是存在的，但真相未必会如此简单就水落石出。

作为当事人的沈宏实就不太同意这种推测。他说当时虽然临近傍晚，太阳已经落山，6358 次航班也已经隐没在阳光照不到的地方，但是神秘飞行物的高度却仍在阳光辐照的范围内，它拖出来的尾迹，在太阳余晖的照射下应该是红色，或者呈现黄色、橘红色，如果受到空气颠簸等影响的话，飞机有可能出现拐弯或者转圈的情况，但尾迹的颜色和推测的并不一致，他拍摄的照片上显示，尾迹颜色不是红色、黄色、橘红色中的任何一种。

另一种可能性是，这耀眼的光芒不是因为飞机受到夕阳反射形成的，而是由飞机的夜航灯光形成的。

西藏目击者的描绘图

飞机外部的灯叫作航行灯，按照国际惯例航行灯可以被分成 3 种——左红右绿尾白，即飞机左机翼用红灯，右机翼用绿灯，尾翼上有一个白灯，这种设计任何一个国家的飞机都不能改变。这些航行灯的目的就是为了通告周围，空中有一架飞机正在通过，务必要小心，等同于汽车使用的示宽灯或雾天使

奇怪的绕着圈逆时针飞行方式

用的雾灯的作用。除此之外飞机上还有一种灯，这种灯的亮度非常强，叫着陆灯，它们只有在飞机起飞或着陆的时候才打开使用。

沈宏实看到的这个神秘发光物体是否是飞机外部这些航行灯在空气涡流作用下产生的一种独特的光学现象呢？沈宏实同样对这种可能性心存疑虑。

沈宏实："相对飞行中的飞机会是什么样的状态，什么颜色的灯光，对我们机组人员来说都是司空见惯的。那物体肯定不是飞机，我还是第一次见到这种螺旋形运动的发光轨迹。"

无论如何，确认当时大连空域内究竟有没有飞机仍然是问题的关键。

民航大连空中管理中心的赵乃昕提供了这个问题的答案，他说当时的值班人员，包括区域管制室和塔台管制室的管制员，都没有在雷达上发现相关的不明飞行物的标识。据工作人员回忆，当时也没有其他机组报告说发现了这个不明飞行物。

而飞行专家张信民根据自己多年的经验也排除了这种可能。

张信民："这是不可能的。机翼的升力是它上下表面的压力差，有升力时，机翼下表面受到的空气压力比上表面要大，所以下表面的气流会绕过翼尖流向上表面，这样就形成了翼尖旋涡，并发展成翼尖涡流。这些涡流有时候是可见的，它有一段水汽拖着小尾巴，有时候则不可见，它需要空中的温度、湿度的配合，只有当各项因素结合得很好的时候，才有可能看得到。而且涡流距离很短，短时间内就会消散，不会长时间存在。"

一个一个假设提出，但又一个一个相继被推翻。虽然众说纷纭，可人们对神秘发光体的了解仍和最初时一样，一无所知。只知道据文字记载，从 1971 年—2006 年，这 35 年的时间里面，它曾经在我国上空出现过 12 次之多。这个数字仅包含了有据可查的记录，没有正式记录在案的目击事件还尚未统计在内。

据记录，1987 年在上海也曾有人目睹类似的不明飞行物。

1987 年 8 月 27 日，上海龙华气象站观测场，实习生陈枫按惯例来巡视气象仪器。8 点左右，当她抄录完百叶箱的数据后，职业性地抬头想观测一下空中的云，却正好捕捉到了一个螺旋状的不明飞行物。她迅速打电话到中心气象台，可是气象台的雷达显示仪却没有捕捉到任何异常情况。

陈枫观测到的不明飞行物由西向东呈较平稳的抛物线状，大约有碗盖那么大，螺旋式地飞行着，后面拖着一个长长的火红色尾巴。她观测到的整个过程有 1~2 分钟，随后飞行物消失在天边。

上海的几位 UFO 爱好者随后自发做了调查统计，他们收集到了上百份目击报告。目击者不仅来自上海，还有浙江、福建等华东地区。大多数目击者称他们看到的不明飞行物呈螺旋状，也有人看到的是电风扇状或顶角扇形。根据绝大多数目击报告提供的方位和形状，可以发现 1987 年和这次“9・25”不明飞行物除了颜色、飞行方向略有不同之外，其他方面都惊人的相同。

据 1987 年的目击者们估计，不明飞行物的高度基本上在 1 万米左右，或与飞机高度相当。

而 2005 年 9 月 25 日不明飞行物的拍摄者沈宏实，对这个物体高度的判断恰恰也在这个范围。

可是为何它在 1987 年出现时，能被不同省区的目击者观测到，而且还呈现出不同的形状呢？

根据不明物体的运行轨迹，调查者基本上排除了它是飞机、火箭残骸、人造卫星和流星的可能性，但由于高度不能最终确定，它究竟是天体还是大气层内的飞行物无法界定。

当时的上海天文台发表了一份声明，文中没有给出确切的定论，仅指出它是天外来客的可能性极小，不过可能性极小另一方面也意味着并非完全没有可能。

它的形状像碗盖一样大，由西向东螺旋式地飞行

神秘发光物体比金星还亮

相隔 18 年，2 个不明飞行物体之间居然有这么多的相似之处，到底是同一种自然现象的重复出现？还是一个不明飞行物的多次光临？

无论研究什么项目，尤其是研究不明飞行物这类事件，手中掌握的资料越多越好，但是现在仅只有一张照片，只通过照片和极有限的资料很难得出一个结论。

2. 录像中的不明飞行物

恰恰就在这个时候，事情有所进展。据说辽宁省沈阳市有一位姜先生，他的手里有一盘关于一个不明飞行物的录像。问题在于，他手中的这段录像，是不是“9·25”中螺旋飞行的不明飞行物？

姜立春是沈阳市东陵区英达镇的一位个体摄影师，以婚纱摄影为业的他，平日里还经常接拍婚礼录像。

9 月 25 日那天，姜立春为一对新人录制了婚礼的录像，每次录像完毕后他都习惯验带，以检查录像的效果。那天他检查完毕后，为了解除一天的工作疲劳，决定出门散步。刚出门一抬头，就猛然发现在他的正上方出现了一个非常明亮的白色发光物。

姜立春形容了该发光体的亮度：“它非常亮，就好像天上特别黑，好像蒙着一层布似的黑，突然有一个窟窿漏下一束光一样，特别刺眼。”

姜立春看了半天也没搞清楚眼前发生的一切，他发现以他的经验一时还无法判断夜空中的物体究竟是什么。出于职业本能，姜立春马上取出了自己的摄像机，当他再次跑出家门时，发现那个发光物的位置已经偏向了西北方向。

姜立春最初发现发光体的时候，它在他的正上方，按照该物体的运动方向推测，它应该是从东南方向过来，而后往西北方向离开。

此前目击螺旋状不明飞行物的青岛和大连，正是在沈阳的东南方向，难道是那里的发光物又飞到了这儿吗？

眼看着一会儿的工夫，发光物体移动的距离已经非常大。姜立春不敢耽搁，急忙把镜头推了上去。他发现放光体运动的速度比预计的更快，以他的摄像机取景器仍难捕捉到它的影像，稍有疏忽就会让它逃出镜头，失去踪影。

姜立春丝毫不敢大意，用镜头紧紧跟着这个发光物，可是此时，他越发感到奇怪。当时天气尚可，天稍有些阴，但能看到月亮，在西北方向能看见一颗非常亮的星星——金星。

金星是人们通常在夜空中所能见到的最亮的一颗星，然而在那个神秘发光物的对比下，姜立春在镜头中几乎看不到金星的存在，这也就意味着它比金星的亮度更大。

又一个猜测随之诞生，这个拖着长长的喷射物尾巴，如同冷光烟花一般的发光体会不会是一颗彗星？

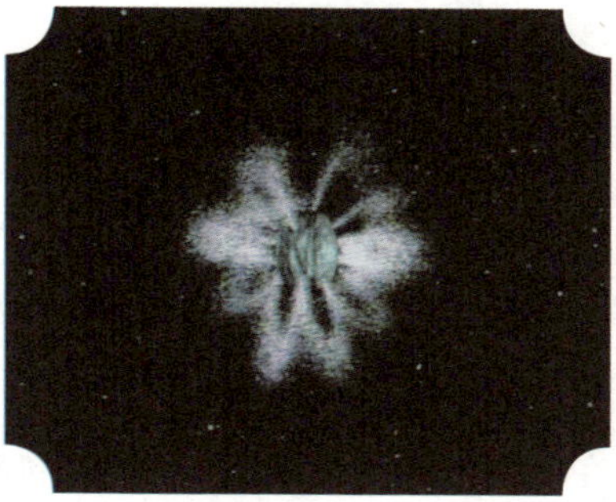

如同冷光烟花一般的发光体

北京天文馆高级工程师寇文对此的回答是否定的。

寇文："我认为这个不像天文现象，比如流星、彗星，都不像。因为彗星的距离，离我们非常非常遥远，地球到月球的距离是38万千米，可一般的彗星比地球到月球的距离远得多，人们不可能在短时间内看到彗星发生那么明显的移动。即使是离地球最近的彗星，也是有月地距离几倍以上的距离，在这种距离上，它的运动不可能在短时间内，例如几分钟内，看出它的移动来，所以肯定不可能是彗星。至于流星，流星实际上是行星际空间的尘粒和固体块闯入地球大气圈，

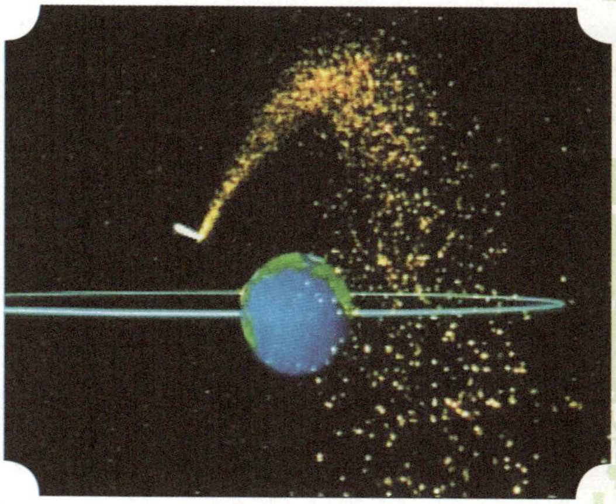

神秘物体拖着长长的喷射物尾巴

同大气摩擦燃烧产生的光迹。它的速度应该是非常快的，差不多经过零点几秒就消失了，所以从时间上看，不明飞行物停留了那么长时间，流星的可能性也被排除掉了。”

如果不是天文现象，如此强大的喷射物从何而来？而它的形态变化就更加让人难以捉摸了。

据姜立春回忆，在他的摄录过程中，发光体变化了四五次之多，一会儿尾部喷出尾气，一会儿在它的前方又喷出喷射物，这一点很不可思议。

青岛、大连、沈阳，3个地点3组目击人，他们看到的不明飞行物却表现出了不同的形态。青岛和大连的目击者证实，他们看到的东西就好像蚊香一样，做着逆时针的螺旋形运动，而沈阳的目击者却声称，他们看到的东西就像一个羽毛球一样，做着忽上忽下无法预测的一种运动。

到底有几个不明飞行物？

难道在青岛和大连上空出现的是一个，而在沈阳地区上空出现的又是另外一个不明飞行物？

姜立春回忆不明飞行物给他的感觉，就和火箭发射器的感觉差不多，但仍有少许差别。虽然他没有亲眼看见过火箭发射器的发射场面，但姜立春记得他在电视上看到的火箭发射器，所喷出的底气尾流是红色的，而不明飞行物不一样，它喷出来的喷射物是白色的，喷射物和前方的主体小圆点一样都是白色的。

姜立春的判断并非没有道理，如果仔细看看火箭发射时喷出的尾流就不难发现，它们的差别决不仅仅在于尾流的颜色。

刘竹生（长征二号火箭总设计师）对此作了介绍：“火箭在发射的时候，发动机喷出来的火是超音速的。可以明显看到，气流膨胀，然后压缩再膨胀，通俗的说法，就是火箭喷出的火好像糖葫芦，一节一节的。另外，火箭喷出的火很长，基本上有二三十米这么长，所以一枚火箭有多高，那个火焰基本上就有多长，我觉得这个不明飞行物没有这种特征。”

至此为止，这个耀眼的神秘来客究竟是什么来头，众人猜测繁多，却仍然没有结果。

姜立春认为发光体不是地球的产物，它给他的感觉更贴近外星飞船，是外星人所乘坐的 UFO，是飞碟。

飞碟是自 20 世纪 40 年代以来，全世界不明飞行物目击报告中最难解释的一种。在许多人的脑海中，它几乎与外星人的飞行器画等号。

不过在收集到的有关飞碟资料中，并没有发现飞碟有喷射物的迹象，更不用说是这种忽上忽下的喷射物。

为了找到更多的关于“9·25”UFO 目击事件的线索，记者进行了多方查询，结果发现在 2005 年 9 月 25 日这一天晚上的 18 点 30 分到 18 点 38 分，辽宁省的本溪、吉林省的长春、德惠以及内蒙古赤峰的阿鲁科尔沁旗等地，都有人拍到了不明飞行物的图像资料。

在一位辽宁省本溪的网友拍到的不明飞行物照片上，出现的却是一个运动轨迹近乎椭圆形的发光体，而这已经是在当晚同一时间段里面，出现的第三种形态的不明飞行物了。

不同领域的专家就这种奇怪的飞行状态谈了各自的看法。

寇文：“我直觉上觉得它像是惯性飞行，好像是一个失控了的东西在那儿转，而不像是处于控制状态下的驾驶飞机。”

一个具备强大推动力，却以一种让人无法理解的螺旋形轨迹飞行的物体，是否会是一个在发射过程中失去控制的火箭推动装置？

刘竹生：“火箭如果失控，就会立即爆炸，因为火箭上有一个安全系统，它可以自动发出指令，一旦超过设定，例如像这样的螺旋飞行，安全系统马上就会发出指令爆炸。如果这个系统失灵了，地面还可以发指令把火箭炸毁，这就是安全自毁系统，所以不会出现这种情况。”

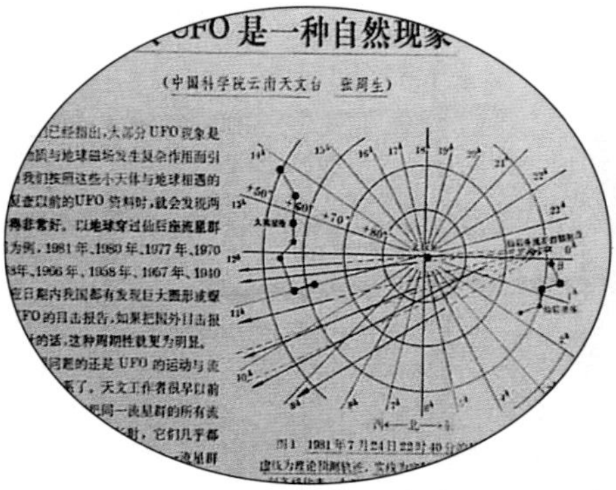

UFO是一种自然现象？

在火箭总设计师的解释下，失控火箭的可能性也被排除了。这个轨迹怪异、形态多变的神秘飞行物依然被层层谜团所包围。

从飞行员沈宏实在距青岛100千米外的地方拍到的这张不明飞行物的照片，再到辽宁省的大连、本溪直到沈阳，整个事件跨度大概有600多千米。在这600多千米中的4个不同区域，人们却看到了3个不同形态的不明飞行物。

到底是真的有3个不同的不明飞行物，还是同一个不明飞行物因为观察角度的不同而造成的视觉误差？

按照这种思路将青岛、大连、本溪、沈阳数点相连线，就形成了一条由东南向西北的飞行路径，而这正是目击者们所描述的不明发光物的飞行方向。这4个地方的目击者，他们看到的是否就是同一个发光物体？它由东南方向而来，向西北方向飞去，是否有这个可能性呢？

根据此推测，本溪在沈阳市的东南方向，如果从本溪看到的运动轨迹是一种椭圆形，那么，可以设想本溪处在一个圆形轨迹的侧下方，沈阳正好处于这个圆形轨迹的正下方，从青岛和大连的方向看，这个发光物的运动轨迹就是一个正圆。从沈阳看，它只是一个做上下运动的物体，因为从这个角度根本看不到它转弯时的轨迹，而这也就是为什么沈阳的目击者看到它喷出的尾迹一会儿在上一会儿在下的原因。

如果说这4个地方——大连、本溪、沈阳、青岛的目击者看到的不明飞行物都是同一个不明飞行物的话，那这个不明飞行物的飞行速度绝对惊世骇俗。以青岛为起点算起，它在南北方向上移动已经超越了1 000千米，而以沈阳作为一个测算点的话，那么到达内蒙古，它的东西跨度也已经达到了800多千米。

为了进一步证实这个推断的准确性，记者继续赶往吉林省，去寻找那里的两位目击者。

2005年9月25日当晚，薛长春在长春市的某处建筑工地上，偶然发现了夜空中那个耀眼的发光物。

薛长春回忆："我当天晚上就在这个地方，在这片工地上施工，搭彩钢板房。晚上收工准备要走的时候，看到了那个不明发光体。我的车头朝北停，看到的方向是西面，当时那片楼都没有建起来，视野没有遮挡很清晰。我正要一脚迈进车门的时候，偶然一抬头，看见天空西面有一个不明物体，那是一个发光的一架满载乘客的航班在万米高空遭遇不明飞行物。四个城市里的人同时目击不明飞行物。

圆柱，或者更确切地说，是个发光的圆盘状物体。拖曳着光，上下起伏，由南至北，纵向飞行。飞行的时候，时高时低，上下摆的幅度并不大。看了有三四分钟的时间，我突然想起来车上有摄像机，这时候急急忙忙拿出来就开始录，录下的时间比较短。”

尽管只是拍到了极为短暂的一段录像资料，但是足以证明薛长春看到的发光物体与沈阳目击者看到的就是同一个。

从薛长春发现发光体到它消失，前后一共延续了 5 分钟左右。在薛长春的叙述中，它由西南方向而来，渐渐消失在西北方向。

随后，记者又赶到了长春以北 90 多千米的德惠市，寻找另一位目击者沈雁翔。

除了和其他目击人相类似的证词外，沈雁翔还提供了一段录像。录像是用老式摄像机拍摄的，画面质量较为粗糙，但是从画面中隐约可见的电线杆与发光物轨迹的比例参照，从中不难看出，这是一个旋转直径相当大的物体。而且这段录像，第一次录下了这个发光物转弯时的动态轨迹。同样的，沈雁翔看着神秘发光体从西边飞到了西北侧，然后逐渐消失了。

另一位目击者肖喜闻，住在位于吉林省西部的内蒙古赤峰市阿鲁科尔沁旗。2005 年 9 月 25 日晚 6 点半左右，肖喜闻接到一个朋友的电话，对方告诉他外面有个奇怪的飞行物，如果有相机的话赶紧快拍下来。肖喜闻拿起相机就奔上了阳台，到了阳台往西边方向一看，确实有一个非常明亮的飞行物。

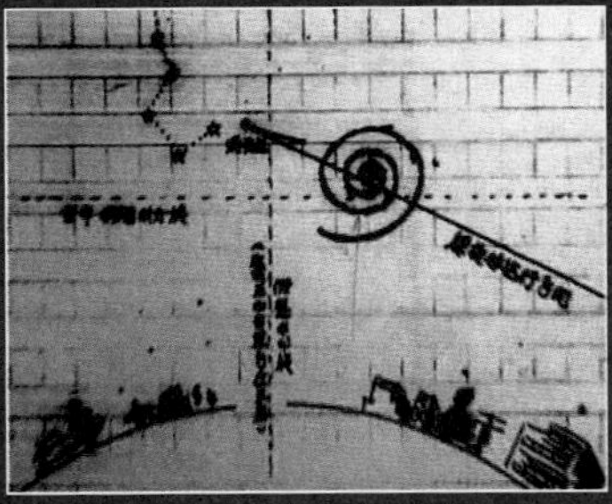

目击者的绘图

在他看来，那个飞行物就像稍稍拉直的电话线，沿着螺旋状轨道在盘旋。当时肖喜闻观测的时候，感觉它是在原地盘旋。事后仔细考虑，意识到实际他看的方向是在飞行物的后方，因此它往前运动的时候他却感觉像在原地盘旋。片刻之后，发光体钻入天际的一片黑云中，逸出了人们的视野。

从沈宏实到肖喜闻，一系列的目击者依序

描绘出了“9·25”不明飞行物的飞行路径。

最东面的一张照片是沈宏实在距离青岛市100多千米外拍摄的，照片拍摄时间是18点33分，而最西面的一张照片是由内蒙古赤峰市阿鲁科尔沁旗的肖喜闻拍摄的，拍摄地点是他家阳台，时间是18点39分。如果这两张照片的拍摄时间准确的话，也就是说在6分钟的时间内，这个神秘的发光体从青岛地区飞到了赤峰地区，跨度达到800多千米。而且它并不是沿着最短最节省耗油的直线飞行，而是采取了一种很奇特的方式，它放弃了直线前进的方式，而选择打着圈的螺旋式的方式前进。这对于人类的飞行器来说，既消耗燃油，操作性又差，目前的飞机似乎还做不到这一点。

3. 是火箭还是彗星?

带着收集到的目击资料，记者找到了南京紫金山天文台的王思潮研究员。

从20世纪70年代开始，王思潮就开始对我国出现的不明飞行物进行了大量的研究。在他所收藏的目击报告中有3封1981年的群众来信，内容都是有关1981年7月24日夜晚目击了一个螺旋形发光物的报告。

王思潮还清楚地记得目击报告的内容。其中一份目击报告来自西藏昌都，开始时以肉眼观察发光体还较困难，之后它在空中不断旋转运动，越转越大，观测起来更为容易，这表明它是沿着螺旋状路线运动。3份目击报告都提到发光体的运动路线是从北方偏东出现，到偏西方向消失。

1981年7月24日夜晚，贵州、西藏、四川的目击者，竟然在同一时间目睹了同一个螺旋状不明飞行物，这与“9·25”不明飞行物的目击情况惊人地相似。更为巧合的是，通过对比2次螺旋状飞行物的图片，可以发现这2个不明飞行物不仅运动形态、飞行方向基本相同，竟然在空间方位上也惊人的一致。

在西藏目击者描绘的示意图中，当事人特别注明了这个螺旋状飞行物当时与北斗七星的相对位置，而北京天文馆高级工程师寇文在分析“9·25”不明飞行物的照片时，同样也发现了北斗七星。

寇文："从这张照片可以看出北斗七星的形状，包括这边还隐没了一颗星。这形状和星图一致，很容易就能辨别出来。这张照片的价值很大，可以肯定这几颗星就是北斗七星。"

录像资料证明发光物体与沈阳目击者看到的是同一个

时间相隔24年，地域则相距数千千米。尽管如此，2次目击事件中发光物体的空间方位却仍然几近重合。除此之外，目击者同样分布在几个省份中，所看到的不明发光物的大小、形态也都异常相似。

据王思潮统计，螺旋状的发光体从1971年9月26日至今，已出现有12次，另外与它同样类型的扇状或者光团状的发光体，截至目前则已经出现19次。这19次中有18次是向西方飞离，经过分析，这19次出现的神秘发光体的高度都处于130千米以上的空间高度。

"9·25"不明飞行物之所以能够被跨度在1 000千米范围之内的人，在差不多同一时间内看到。逐一分析下来，有几方面的因素，其中包括它的速度、体积以及它距离地面的高度。

以月球为例来说明，它是地球的卫星，也是距离地球最近的一个天体，两者之间的距离是38万千米。在地球上，人们抬头就能看到月亮，而且在各人的眼中，它的空间位置、距离感看起来差不多一样，这不仅仅是因为月球在空间距离上非常高远，另外也是因为它的体积非常庞大，直径超过了1 000千米。有这样一个满足了诸多条件的球体，才会让人们抬头的时候都能看到月亮。

"9·25"不明飞行物能够让这么多人在6分钟之内都看到了它，那就意味着它的体积也是非常庞大，而且距离地面非常高，此外也代表它的速度之快出乎想象。只有符合了这些条件，才能让不同的观测者观测到的形状看起来基本相同。

什么样的物体能和月球一样，同时满足这些条件呢？

北京天文馆高级工程师寇文具有丰富的天文观测经验，在他的印象中，有一种情况与此较为相似，那就是卫星。

寇文介绍说："像这样两地相距几百千米，甚至相距上千千米，想要能够同时看到同一颗卫星，则该颗卫星的高度需要达到几百千米到几千千米的范围之内。他曾用专业软件测算过，发现'9·25'不明飞行物事件中出现的神秘发光体，与人们在不同的观测地点观测到的卫星形态有些相近。"

也就是说，想在 1 000 千米的范围内目击到同一个物体，需要这个物体具有几百甚至上千千米的高度。按照这种说法，显然"9·25"不明飞行物已经不在地球的大气层内。

脱离大气层的物体，很容易让人猜测它是否是一个返回大气层的航天器的残骸。

因为在通常情况下，火箭是分三级将一个被发射物体送入太空，而最末级火箭在完成使命与被发射物体分离后，残余部分就会以一种自由落体的形式，回归地球。

关键在于，它是否会出现螺旋形的运动轨迹。

对此，刘竹生做出了否定的回答："火箭发射升空后，由于空气的阻力，它的末级火箭可能在两三个月之后落下来，但掉落的过程和这个不明飞行物不一样。在末级火箭降落的时候，它会像流星那样不断地闪出火花，勾现出一条火红的轨迹。而且在它的掉落过程中，由于气动加热的缘故，有些部件会开始燃烧，随之发生脱离。'9·25'不明飞行物的相关材料我们都看了，飞行物很完整，没有部件脱落的现象，而且火箭残骸掉落的速度是非常快的，像流星那样快，这个飞行物没有达到那么快的速度。所以我认为它和航天活动应该是没有关系的。"

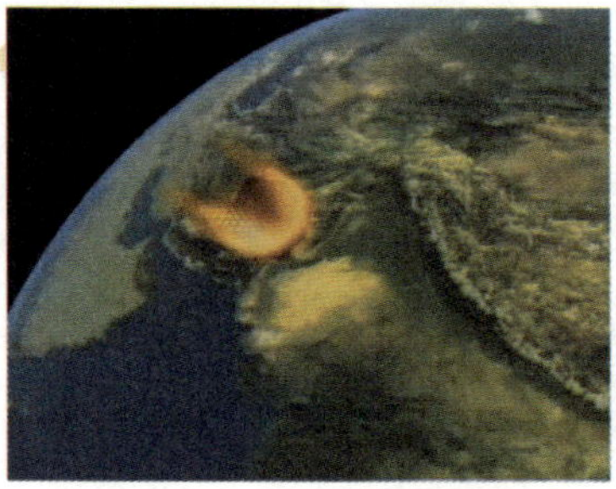

火箭残骸的速度非常快，会像流星一样掉落

早在 1977 年，云南省天文台的一位名叫张周生的工作人员，就曾亲眼看见过这种螺旋状飞行物。他在经过分析计算后，提出了一种大胆的推测：螺旋状不明飞行物可能是一些大彗星分裂以后形成的小彗星。这些小彗星喷射出带电离子，如果不慎进入大气层，就会摩擦燃烧，也就成为我们常见的流星现象。但如果它没有进入大气层，而恰巧在距地数百千米的高度上，它的带电离子就会正好感触到地球磁场的作用。由于和地球磁力线成一定角度，故而出现螺旋状运动轨迹。

根据这一理论，张周生预测螺旋状发光物在1981年7月20日左右还将接近地球。果然，1981年7月24日晚19点40分左右，我国西南、中南、华中等地区约数百万人都目击了这个螺旋状不明飞行物的再次出现。在大量的目击报告中，目击者们为了证明事件的真实性，还特意加盖了单位的公章。

然而，当信心十足的张周生根据计算，再次预测这颗彗星出现的时间后，却未能收集到可靠的目击报告。由此，许多人对他的理论产生了怀疑，尤其是在天文领域，因为，像张周生所假想的那种分裂出来的小彗星在天文学上并未得到证实，也从未观测到过。

但是，就像寇文所说的那样，在事情没有一个准确的结论之前，任何的猜测、任何的推断，应该都有它的合理性。

在浩瀚的太空中，地球只是极其微小的一点尘芥，尽管人类探测宇宙的活动已经开展了三十多年，我们的脚步却依然没有迈出太阳系的内部。太空中无数的神秘现象对于人类来说，还是待解的谜团。

一个如此美丽的发光物体，就这样匆匆而来又匆匆而去，留给人们无数的疑问。尽管经过多方的不懈调查研究，可得到的调查结果依然停留在表面。我们清楚了它的飞行方式、飞行轨迹，以及在我国的一些观测位置，仍然没有导向最终的确切结论——神秘发光体到底是什么。

虽然过去我们不知道它是什么，虽然现在我们还是不知道它是什么，但总会有一天，我们会找到秘密的钥匙，解开谜题的答案，拂开遮着它的神秘面纱。它到底是地球本土的人造产品？来自遥远的外太空来客？还是某种自然现象？这一切我们只能等着时间来回答。

（佟玲）

中国UFO悬案调查·天降UFO残片

1990年6月23日深夜，河南省开封市的居民突然看到一种奇怪的发光物从空中快速飞过，它的身后还拖着一条橘红色的光带。就在不明飞行物飞过后不久，一块不明金属物又从天而降，落在一户居民院中。

第二年，居民家中又发生了两件离奇的事情，这一切引发了主人的恐慌。

天上掉下来的到底是何方器物？那天晚上到底发生了什么？

1. 高空坠物

关于不明飞行物UFO在中国的传说，一直以来都是被人们口耳相传。在当今这个科技发达的年代，人们利用照相机、数码摄像机，拍到了许多照片和影像，但那只能证明当事人的确看到了不明飞行物的存在。至于不明飞行物到底是否是人们认为的天外来客驾驶的太空飞船，至今仍是一个世界之谜。

一种奇怪的发光物从空中快速飞过

不明飞行物一般都是远在天边，来无影去无踪。但是16年前，在我国河南省开封市发生的一起UFO事件却与众不同。在人们看到有不明飞行物飞过之后，竟然从天空中掉下了一件实物，缥缈无踪的UFO传说瞬间变得近在咫尺。

1990年6月23日，这是一个令开封市众多目击者激动不已、热血沸腾的日子。

当天凌晨3时左右，河南省开封市，这座被称为七朝府都的古老城市，正经受着炎热夏日的煎熬。即使时间已进入后半夜，人们仍热得无法入睡，大部分人还在屋外乘凉。突然，一阵奇异的光芒刺破了宁静而炎热的天空，一个从未见过的奇景呈现在人们眼前。一个奇怪的发光物从空中快速飞过，它的身后还拖着一条橘红色的光带。

人们还没有从这种奇异的景观中缓过神来，紧接着又听到了几声巨响。一个神秘物体从天而降，砸入了开封市某一角的一幢房屋中。

光带的残影还在眼前，撞地的巨响在耳边回响，这突然而至的一切都让人清楚地意识到，有什么异变发生了。

徐晓进是“6·23”事件的主要目击者之一，当年他是开封市公安局午朝门派出所副所长。

当天晚上，徐晓进在派出所值班，因为天气炎热的缘故，他选择在二楼楼顶休息。凌晨时分，对讲机忽然发出了刺耳的声音，被惊醒的他一抬头，便看到天空西南方向出现了一条橘红色的火龙，向东北方向唰地飞去，随后传来了物体掉落的声音。徐晓进立刻起身，召集值班的同事一起去查看，究竟是什么东西掉下来了。

一块不明金属物从天而降落在一户居民院中

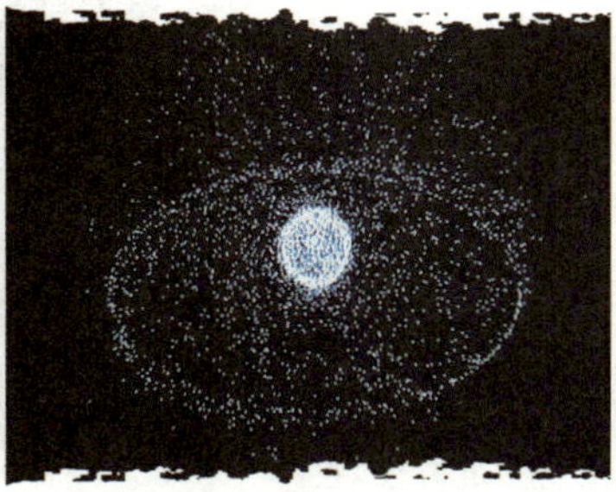

奇异的光芒刺破了宁静而炎热的天空

在砖桥街24号院找到了坠落物

郭彬是原午朝门派出所巡防队员，6 月 23 日晚上他和徐晓进一起见证了那块从天而降的不明物体。

郭彬（“6·23”事件目击者）：“就好像放的烟火一样，前面非常明亮，后面带着尾巴，光迹在空中拖得又宽又长。它往东北方向飞过去了，过了一两分钟后，天上似乎有什么东西要掉下来了，因为听到了飞机螺旋桨的声音，呜呜叫，可响了。然后我就跑下了楼，想看看那是什么东西。”

天上飞过的不明物体是什么？掉下来的物体和不明飞行物有关吗？

徐晓进和郭彬都意识到一定有事发生，他们急匆匆地沿着声音传来的方位一路找去。后来，他们终于在龙亭区砖桥街 24 号院找到了寻找的目标。

把门敲开后，徐晓进发现那个坠落物砸落了一地树枝，树下停放的自行车也没有幸免，倒地的自行车旁边，高空坠物正静静地躺在树底下。郭彬小心地拾起坠落物，却惊异地发现完全感觉不到手中物体的热度，可以清楚地看到物体上残留有焊点的痕迹，以及撕裂和掰断的痕迹。

派出所民警拿走后交到了开封市公安局

全世界每年有许多 UFO 目击事件，但极少能见到真正的实物。难道“6·23”事件是不明飞行物发生了事故？但为什么只掉下来一块残片呢？如果真是地外文明留下的证据，其价值将无法估量。

几天后，各种报刊都在头版头条登载了这件不可思议的事件。开封随之沸腾，UFO 爱好者们更是兴奋不已。所有的人都在猜测，飞越天空的是什么物体？而这从天而降的物质又是

这就是1990年6月23日晚上从天而降的那件不明金属物

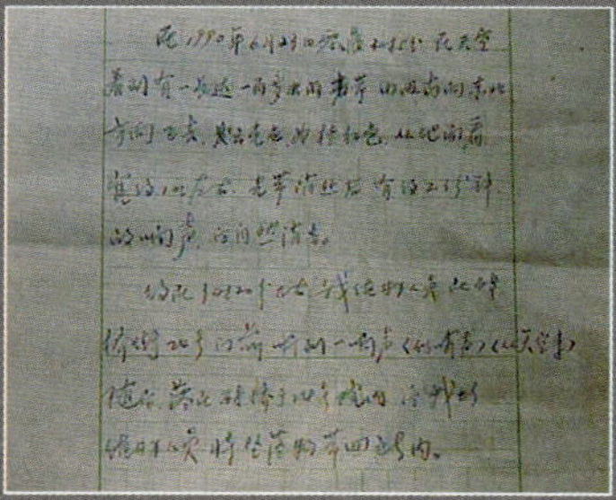

很多人都证明了这一事件

残片长五十多厘米，宽十多厘米，厚约三厘米

什么？

据开封市龙亭区砖桥街24号院的居住者邢志君介绍，当时那块不明金属物就降落在院里的椿树下，当时紧靠着椿树的还有一辆自行车。

邢志君在邢家四兄弟中排行老三，那天晚上他和长兄邢志祥在外面吃完消夜后一起回家，大哥随手就把自行车停放在椿树底下。当晚兄弟俩都喝了些酒，进屋后倒头便睡，没过多久他们就被什么东西坠落的响声吵醒，在邢志君形容起来，就好像砸瓦盆一样“铛”的一声。

因为察觉出声源距离他们家很近，兄弟俩立刻起身出门察看。手电筒的光柱驱走了黑暗，两人就着昏暗的光线在院子中寻找。很快就发现一根树枝被砸断了，自行车也砸得不轻，罪魁祸首躺倒在树底下。邢志君拾起仔细观察，坠落物既不沉也不烫，单看外表看不出丝毫特异，也无法判断出这是什么东西。

当晚，邢志君的邻居也感到了异常。他们出门上街吃饭的时候，看到一个飞行物在天空中闪烁着红光，然后一声巨响，掉落了什么东西，只是他们当时不知道具体落在哪里了，直到第二天才知道掉下来的东西把他们邻居家的自行车砸坏了。那晚留给他们最深印象的就是东西坠地时发出的巨响。

与此同时在开封市的其他地方，也有许多目击者看到了天空中出现的奇特景象。由于重新调查的时候已经过了16年之久，很多目击者已经不知去向。幸运的是，仍有几位目击者居住在原处，他们回想起那16年前发生的不寻常的事件，记忆清晰得就像发生在昨天。

王东升，当年是开封市化工三厂的一名调度员，主要负责各车间的生产，每天凌晨三点他都要到各车间去作生产巡查。

王东升（“6·23”事件目击者）：“当时我差不多走到这里的时候，听见了天上传来声音，我抬头往上看，就听到从那个方向有声音朝我这边飞来，我就愣愣地看着。飞到我头顶的时候，有一大片看上去和星星一样的物体，可是它们在运动，整体一起运动。那个时候我感到了压力和恐怖感，吓得往地下一蹲，当时能感觉到自己的头发都直起来了。”

毛建德，当年正在岗亭做执勤民警，他和几位市民一起看到了天空中出现的奇特景象，并且听到了物体坠落的声音。

毛建德（“6·23”事件目击者）对当时的景象作了生动的形容：“就好像抓了一把火炭往前一扔，火炭在空中飞行，您看到的是一个在燃烧的运动物体。对，它一直往东飞行，一直飞行到看不见为止。我没看见它落下来，只是看着它消失。消失以后没一会儿，紧接着就听到东边那个方向‘咚咚’响了两下。”

从众多目击者的描述来看，当时人们的确可能是看到了一个飞行物体从开封市上空飞过，而且也确实有物体掉下来。如果真的是地外高等智慧生命光临地球，那块掉下来的物体将是强有力的证据。

没过几天，河南省的一些报纸陆续报道了这次异常事件。从目击者目击的地点来看，有河南省的平顶山市、洛阳市、许昌市、焦作市、郑州市等，后来发现在湖北省的石首市和随州市，居然也有人看到了这一不明飞行物。

根据各地目击者提供的线索，有人对这一事件进行了详细的统计和调查。在整理归纳了众多目击者提供的资料后他发现，凡是写目击报告的，或者提供目击报告的，时间都是划定在1990年6月23日凌晨3时03分到凌晨3时05分这2分钟之间。其中更有人确定地说，自己当时特意查看了手表，可以说时间非常精准。也就是说，人们几乎在同一时间内，在不同的地方看到了这个不明飞行物。

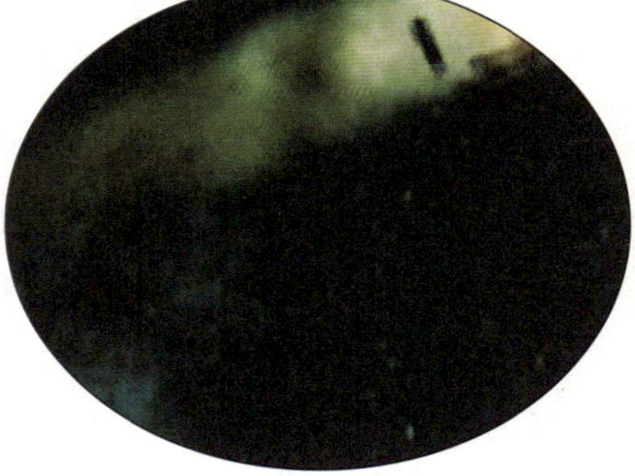

不明飞行物

不明金属物砸断一根树枝后掉落

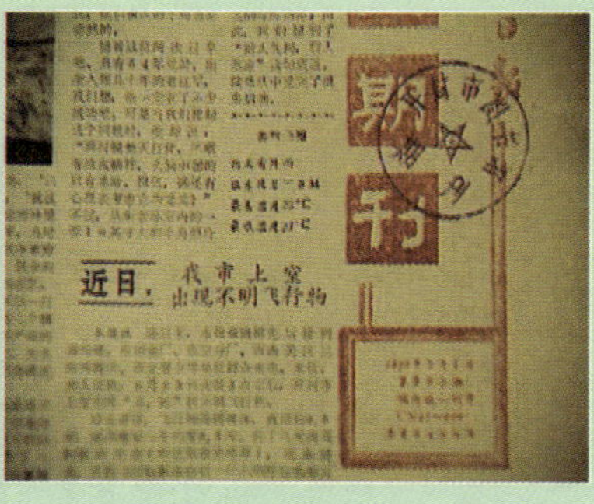

《开封日报》的报道很简单

不明物体砸断树枝，把自行车也砸坏了

整块残片中间有一根类似大梁的加强筋

这位调查者根据地图比例尺作了计算，从洛阳到开封大约是 260 千米的距离，从开封往南到湖北的石首则大约有 590 千米的路程。在如此大的范围内，竟然能同时看到一个不明飞行物。能够同时被这么大范围内的人看到，这意味着这个飞行物体积庞大得令人难以置信。

人类会有这么大的飞行器吗？如果不是，那么这个不明飞行物是什么？为什么还会从上面掉下来一件实物呢？这些问题如果仔细琢磨就会进入一个难以解答的境地，但自发进行研究调查的是一位非常勤于思考爱琢磨的年轻人。他一直渴望揭晓谜底，尽管 16 年过去了，但只要一提到这件事，他仍旧是一腔热血在心头。

这位爱思考的青年叫张卫民，1990 年“6·23”事件发生的时候他还是开封市河南大学化学系的一名学生，不过在这之前他就已经是原中国 UFO 研究会的一名会员。“6·23”事件能让众多读者知道，他的报道功不可没。他掌握了很多当时的材料，包括与不明金属物有关的证据。在被问到为何此事会引起他注意的时候，他给予了因为兴趣爱好的回答。

张卫民（“6·23”事件调查者）：“因为我当时是中国 UFO 研究会的会员，也是开封地区的中国 UFO 研究会的通讯员，本身就有这方面的兴趣爱好。另外，作为一个会员也有义务去为中国 UFO 研究会搜集资料，所以我就去调查了相关情况。”

这件事情起源于当地的一份权威报纸——《开封日报》，1990 年 7 月，张卫民在《开封日报》上看到了一则他非常感兴趣的消息。

《开封日报》的报道很简单，寥寥几行，没有多少详细信息，仅仅报道了开封市出现了不明飞行物，并且有不少目击者。虽然报道简洁概要，但却引起了张卫民的注意。他立刻想到，既然有目击者，那他们应该看到了一些细节。他认定，只有把细节找出来才有研究价值。

这篇报道震撼了张卫民，过去他总认为 UFO 远在天边，没想到现在变得近在眼前。但令他下定追查到底的决心的，并不仅仅是那个早已消逝的不明飞行物，而是在调查中发现的不明飞行物掉落下来的那块残片，这让他兴奋不已。

张卫民：“我当时就像吃了兴奋剂一样，兴奋得简直没法控制住自己。我想我是一个化学专业的学生，在化验试验方面有些便利，如果能够拿到物证，这在全国历史上都是非常少见的，而且这意味着距离揭开外星人之谜，揭开 UFO 之谜更近了一步。想到这里我就格外兴奋，根据这个线索我到龙亭附近进行采访，终于知道了邢志祥的自行车被残片砸坏了，而且我也见到了当时的午朝门派出所的所长和一些值班的巡防队员，他们都详细地描述了不明飞行物的形状和出现过程。他们每个人都感到非常震惊，因为这是一个天外来客，是从天上掉下来

材料鉴定专家进行鉴定

鉴定结果是该残片属于一种铝镁合金材料

众多目击者，包括警察、工人、市民等

奇怪的发光物从开封市上空快速划过

的一块东西。”

张卫民认为这是一起与UFO现象有关的重大事件，因为有一块从天而降的实物，而这个实物应该就是从不明飞行物上掉下来的一块残片。

得出这个推理并不困难，残片是在不明飞行物刚过之后落下来的，而且通过当时午朝门派出所民警们的描述，以及当时看到这块残片的邢志祥、邢志君他们的描述，有这么多目击者的描述证明，基本上可以推断出，这块残片就是从这个不明飞行物上掉下来的。

虽然不明飞行物一去不复返，但它却留下了一件铁一般的证据，那就是那块残片。张卫民非常清楚，要证明“6·23”事件是一起与UFO紧密相关的事件，他必须找到那个从天而降的物体。

1990年7月，张卫民从邢志君家中打听到，残片被当地派出所民警拿走后交到了开封市公安局。他立即找到相关负责人，想尽办法要把残片借出来研究一下。

他带着他的中国UFO研究会会员证和河南大学的学生证来到了开封市公安局一科，找到了当时的科长李科长。公安局的人员也对这件事非常惊奇，他们告诉张卫民，在一科立案主要是考虑到可能是我国台湾或者外国的间谍飞机进入我国，他们是针对这方面进行调查的。至于这片残片具体是什么性质、有什么性能，他们却没有能力和仪器进行化验。张卫民把自己的证件交给李科长证明自己的身份后，公安局批准了他对残片进行研究的申请。

张卫民第一次目睹残片的真面目的时候，异常激动，他感到这有可能就是能够证明外星人到地球上来的一个证据。经过初步的测量，他记录下了残片的最初数据：重3.5千克，长50多厘米，宽10多厘米，厚约3厘米。

据张卫民介绍，当时开封市公安局的有关同志并不想把整个残片交给他，于是就用锤子锤，砖头砸，结果怎么弄也没有敲一小块下来，无计可施之下才让张卫民把整个残片全部拿走。后来按照承诺，张卫民又把残片归还给了公安局国保处。

当时，借到残片后的张卫民迫不及待地来到河南大学的化学系实验室，想知道它的基本属性。由于条件有限，他无法测出它的组成成分，但根据残片表面银灰色的特点，他立即想到，这会不会是飞机上掉下来的某个部件呢？

当时的目击者，派出所联防队员郭彬也曾有过这种想法。他认为残片的颜色有些近似于飞机外壳的那种银白色。

张卫民一开始觉得它很有可能是外国的飞机或是我国的飞机，飞机因为出故障而掉落下来的残片。他带着种种的疑问，赶往开封市一个军用机场了解情况。他把这块残片拿去询问了一个名叫王富裕的机械师。王富裕见到残片后询问了一些情况，然后初步认定这不是飞机上的部件。因为除非飞机发生了事故，否则不可能从飞机上掉这么大的部件下来，而且1990年6月23日在开封上空并没有飞机坠毁的记录。

既然不可能是飞机上的残片，那它会是从哪来的呢？

2004年9月，在四川省奉节县也曾从天上掉下来一大块金属残骸，后经查明那是我国发射火箭时掉下来的整流罩，每一次火箭发射时都会有部件从火箭上掉落下来。那这块残片会不会也是我国在发射火箭时掉落地面的呢？

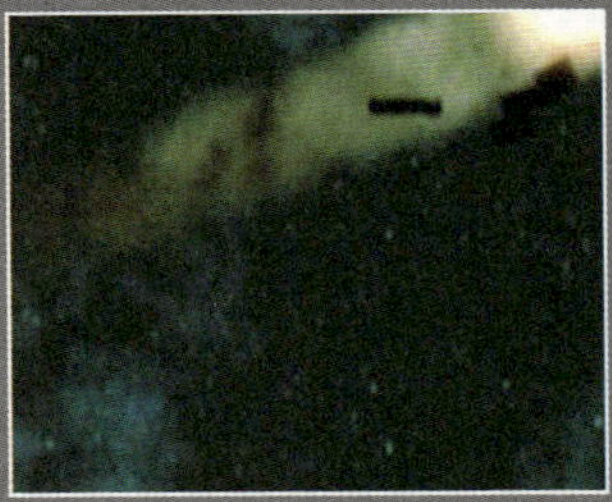
残片上有被扭曲撕裂的痕迹

不明金属物掉到开封市一户居民邢志祥的家中

残片颜色有点近似飞机的银白色外壳

1947年在美国发生了一起震惊全球的UFO事件

根据众多目击者的描述，不明飞行物的飞行方向是从西南向东北方向运动的，此时的关键就在于，这个方向是否有可能是我国发射火箭时的方向。

我国的卫星发射基地共有3个：一个是甘肃的酒泉，不过这个基地发射的火箭助推器掉落的话，只会掉落在内蒙古一带，而不会出现在开封。另一个是山西的太原，专门发射太阳同步轨道卫星，这个发射场虽然距离开封很近，但在太原发射的火箭，都是朝正南方向或者是正北方向发射，也不可能把火箭助推器的残片掉落在开封。最后一个是四川的西昌发射场，这个发射场主要是发射环绕地球运行的近地轨道卫星。为了让卫星尽快进入预定轨道，火箭发射的方向一般都是从西往东发射，因为地球是自西向东运转的，火箭选择这个方向发射是为了借助这股自然力。

西昌发射场发射的卫星倒是有可能从西南方向向东北方向发射，问题在于，如果真的发射了，它的残片能否掉到开封。

查遍中国航天部门的火箭发射记录，也查不到1990年6月的火箭发射记录。据中国工程院院士运载火箭系列总设计师龙乐豪介绍，即便当天有火箭发射，助推器的残片也不可能掉到开封市这种城市人口密集的地区。他说，西昌起飞的火箭助推器一般落到贵州省，而且是贵州省的那些大山区。

飞机、火箭，这些飞行器的可能性被一一排除了，但是能摆脱地球的引力在空中飞翔的并不止这两类。

片名《天降UFO残片？》

1957年，苏联发射了人类的第一颗人造卫星，这是人类探索太空的发轫之作。从1957年开始到残片坠落的1990年，围绕地球飞行的航天器就已经成千上万，地球的外层空间早已热闹非凡。但是这些航天器中的绝大部分并不能永无休止地在太空遨游下去。当燃料耗尽，功能丧失，在地球引力作用下它们仍然会陨落下来。只不过陨落的时间可能是十几年、几十年或者上百年后。

1990 年 6 月 23 日坠落的这块残片和太空中的航天器会不会有什么关联呢？

都亨（中国科学院空间科学与应用研究中心教授，著名空间碎片研究专家）说："空间的碎片或者空间的航天器掉回地球，这是很普通的事情。到现在为止，国际上有编号的空间物体大概是 28 000 个左右，而现在还在轨道上面的大概只有 10 000 个不到，也就是有 10 000 多个物体已经回来了，重新掉到大气层里面。"

高歌（北京航空航天大学教授）："因为它们没有重力维持系统，慢慢都会掉下来；或者在大气中部分烧蚀，有部件掉下来。"

张卫民也曾经怀疑这是航天器上掉下来的碎片，但他很快又发现了新问题。

假设这是从大气层之外进入大气层的残片，那么在它进入大气层的过程中，由于本身具有一个很高的速度，因此和大气层的摩擦会非常剧烈。但事实证据表明，这块金属表面虽然有一些疑似爆炸的零星痕迹，但是并没有剧烈燃烧的痕迹，而且坠地之后仍然是凉的。这点当时的几个目击者都可以做出证明。

郭彬："当时我们拿着的时候它一点也不热，还很凉，凉飕飕的。"

邢志君也强调说残片一点都不热。

残片刚落下没多久，就被郭彬和邢志君等人先后拿在手中，

人们拿着残片观看

被残片砸伤的椿树

感觉到它的温度不高。张卫民因此判断，它不应该是一块从大气层之外的太空站或者是卫星上落下来的东西。他排除了这种可能性。

把一切可能的情况都排除后，张卫民更加相信自己惊人的判断——他把目光投向了外星智慧生物。

张卫民：“我认为，‘6·23’事件应该是外星人驾驶着宇宙飞船光顾地球的一个实例。飞行物经过之后，它掉落了一块残片，这就能够证明这个不明飞行物并不是自然现象，因为物体是不会自然合成一种合金的。它必然是智慧生命所制造的，如果不是我们地球上的人类，就是外星球上的智慧生物所造。”

1990年7月底，张卫民为了弄清残片的来历，拿着这块残片从开封来到洛阳，找到了当年的河南省UFO研究会秘书长岳景洲。

岳景洲和张卫民一样意识到这个残片所代表的意义非同小可。有了它，“6·23”事件就和其他不明飞行物事件变得截然不同。更重要的是，有了残片，就能进行更深入的分析研究。

在岳景洲的帮助下，张卫民把残片交给了洛阳市725研究所的一名材料鉴定专家徐国照。当时徐教授通过扫描电子显微镜分析，很快就给出了鉴定结果：该残片属于一种铝镁合金材料。

但张卫民认为事情没那么简单。

张卫民：“这个残片是层状的，好像千层饼一样，形状并不规则，就好像是被撕裂了一样，它上面没有刷漆，没有地球上文字，也没有铆钉，也就是说没有一些能够认定是我们地球人制造的标志。另外，我们也没有分析出来，它是否有地球上所没有的同位素。”

张卫民提到地球上没有的同位素是因为曾有过前例。1971年在法国的里尔市隆山镇曾出现过不明火球把地面烧焦的事件，之后研究人员检测到一种铝镁合金材料，在鉴定时发现，其中包括一种人类没有的镁的同位素。

张卫民认为在这块残片中，不排除出现不属于地球的同位素的可能性。

张卫民："假定说，这块残片中的镁原子，它含的中子数目和地球上镁原子的中子数目不一样，那么就能断定这块残片是外星人制造的。因为它既然来自外太空，而且不是自然形成的，那它必然是外星人制造的。"

所谓同位素，就是原子的序数相同而原子量不同的同一种元素。比如镁的原子量是 24.305，当它在受到高能量的辐射时，会产生原子量为 25 和 26 的同位素。徐国照教授的检测仪无法检测到同位素这一级，但张卫民怀疑，在这块残片中有人类没有发现的镁的同位素。

事隔 16 年后想要继续探究这个问题，唯一的办法只能是找到残片。可已经过去这么多年了，开封市公安局人事变动很大，经过多方努力，终于找到了一个当年的当事人。

当事人名叫王自轩，退休前曾是开封市国保处的一位干部，当年就是他经手了这件事情。当向他询问此事的时候，他谈起了当时的情况。

王自轩："我记得是一个叫于三的人把残片拿来的，我把它包好，退休前进行了移交，就放在办公室柜子里。"

据王自轩回忆，残片应该就在开封市公安局国保处。开封市公安局宣传处副处长王冰让工作人员检查了王自轩退休前管理的 4 个柜子，其中 3 个柜子可以打开，检查后没有发现残片，最后一个柜子由于负责民警到北京出差的缘故，无法当场打开，需要等待 1 周的时间才能确认残片是否在最后一个柜子中。

如果找不到残片，"6・23" 事件恐怕就会和其他目击事件一样，变成一桩说不清道不明的悬案。

出乎意料的是，张卫民并没有把全部的残片交还给公安局，当年他成功地从残片上切割下了一小块碎片，后来一直保存在家中的书柜里。

这块证明了他确实研究过那块不明金属物的重要证据，已经在他手中小心翼翼地保存了 16 年。每次他看到这块小小的残片，都期望着自己有朝一日能够揭开它的奥秘。

身为 UFO 研究会一员的张卫民很清楚如今国内 UFO 研究的现状，这些研究至今还停留在刚起步的阶段，仍然处于究竟有无 UFO 的争论中。有的人坚信自己亲眼看见的奇景，而站在对立立场上的人则认为，即使看见也未必真实，有可能是眼误错判，或者那是一种自然现象。对立的争执会一直持续下来，关键就在于没有人能够证明不明飞行物的存在。因此，当张卫民拿到这一块残片的时候，感觉异常激动，他意识到这有可能就是能够证明外星人到地球上来的一个重要证据。

1947 年，在美国新墨西哥州的罗斯威尔小镇，发生了一起震惊全球的 UFO 事件。一架 UFO 不知何故撞毁在新墨西哥州的罗斯威尔小镇，大量的残片散落在镇上。这些残片不论是烧、割还是轰炸都不能摧毁。因此，有研究人员判断这应该不是地球上的物质材料。掉落在开封市居民家中的这块残片又有什么特性呢？

2. 不祥的残片

2006 年 3 月，柜子的保管员，国保处的副大队长出差归来。但据他介绍这个柜子里装的都是一些不常用的文件档案，通常情况下极少会打开这个柜子。连他都怀疑，这里面会有那么一大块金属物吗？

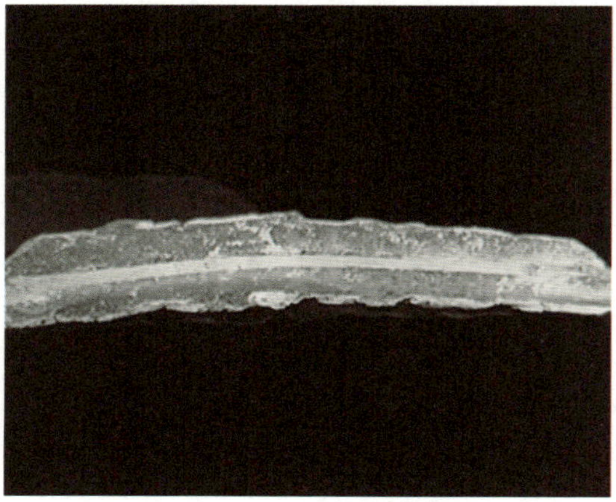

残片上有烧蚀的痕迹

出乎所有人意料，残片真的就在柜子里，王自轩的叙述千真万确。

残片立即引起了办公室工作人员的围观。随着旧报纸的打开，尘封了 16 年的残片逐渐显现在人们面前。

除了那块残片，报纸中还裹着几张纸条，其中有一份关于这

记者走访中国运载火箭技术研究院专家

块残片的材料说明：1990 年 6 月 23 日凌晨 3 时 05 分，在天空看到一长达 100 多米的光带由西南向东北方向飞去，发出的光色为橘红色。从地面看，宽 1 米左右，光带消逝后有二三分钟的响声，后自然消去。

材料上描述的事实和目击者的陈述完全一样。

材料最后的落款是于福顺，这个于福顺就是王自轩口中所说的于三。事情发生当天，他在午朝门派出所值班，听到巨大噪声的同时，他抬腕看了看手表，因此确切地记住了指针的指向，凌晨 3 时 05 分。

从表面看，这块尘封了 16 年的残片上有很多疙疙瘩瘩的痕迹，还有被巨大的力量撕裂的痕迹。而从侧面看，残片则有着明显的层状结构，整块残片的中间有一根类似大梁的加强筋。

这到底是什么材料？这些状态是怎么形成的？这些都是目前的张卫民没能力猜透的。

然而事情到此还远没有结束，就在残片掉入龙亭区砖桥街 24 号院后的第二年，又发生了两件事情，这些变故让张卫民更加疑惑不解。

“6·23”事件后的第二年，那棵被残片砸伤的椿树竟然奇怪地死了。

这棵并非处于老年期的椿树被天降的残片砸断了一根树枝后，第二年就停止了发芽，之后更是枯死。这个变故最初没有引起屋主的注意，但渐渐的邢家兄弟起了担忧，继而更产生了害怕。

邢志君：“当时没有害怕，后来才感到害怕。因为我们想到了辐射，掉下来的那块残片到底有没有辐射，到现在也不能确定，自从树死了以后，我们开始害怕。”

如果说树的死亡还只是让不安的种子发芽，那几个月之后，邢志祥的病倒就是让恐惧开始蔓延。由于这一连串不祥的事情都发生在残片坠落邢家之后，人们自然就把它们和残片联系到了一起。

1991 年 11 月某天，邢志祥感觉到身体不适，就赶回了他原先的工作单位，郑州市国棉五厂，刚走到职工医院围墙边，邢志祥的身子就支撑不住了。工长宋耀文因为担心，和几个同事一起找到了邢志祥，当时他已经虚弱得只能扶墙站着了。职工医院的大夫见状忙让宋耀文送邢志祥去医院，这么重的病症职工医院显然已经无能为力。宋耀文和其他同事遵照医生的嘱咐，用担架把他送进了医院，诊断后发现大面积出血，医生当即安排入院，并发出了病危通知单。

虽说医院给邢志祥下了病危通知书，但一个多月后，他的病却奇迹般地痊愈了。按常理来说疾病消除自然该归功于医院医生妙手回春，但是邢志祥却告诉张卫民，他的病愈并非寻常。他说在他住院的期间，有两个陌生人来看望过他，这两个人离开后又过了一个多星期，邢志祥的病就痊愈了。

据邢志祥描述，那两个陌生来客大约有两米高，穿着白色的衣服，他们的脸是灰色的，从外表就可以判断出明显不是地球上的人类。这两个人要求邢志祥和他们一起离开，到另外一个世界里去，邢志祥拒绝了，他说他现在还不能走，还有一些事情需要安排，等他把他的一些后事安排了之后，他才可以走，于是这两个人没有勉强他就离开了。

白色衣服，灰色皮肤，身高达到 2 米的陌生来客，这究竟是张卫民有意编造的关于外星人的故事还是邢志祥住院期间产生了幻觉？

虽然当事人邢志祥已经在 2005 年去世，再也无法向他本人求证他住院期间发生的事情，但邢志祥毕竟住过医院，他的病是如何痊愈的，给他治疗的医院应该有记录。最让人担心的是，已经 16 年过去了，这份病历档案是否还在呢？

幸运的是，不仅邢志祥的病历还在，而且还根据病历上医生的签名找到了邢志祥的主治医生——罗清菊和高彩霞。

两位医生对于神秘来客治愈他们的患者的说法置之一笑，相信那只是患者产生的幻觉，因为邢志祥在入院之前神志就已经不是很清楚。而在邢志祥住院期间，他的工长宋耀文和同事经常来探看他，宋耀文身高 1.85 米，另外主治医生每天都要穿白大褂查房，因此邢志祥很有可能把他们中的两个当作了他口中那两个神秘人物。

尽管神秘来客治愈一说没有什么证据可以支持，邢志祥的疾病是在医院治好痊愈的。但他的病是怎么得的，那棵椿树又怎么会莫名其妙地死亡？仍然没有确切的答案。难道真是那块残片有放射性而导致的吗？

好在那块残片已经寻获，有了它就能揭晓一个个谜底，弄清楚它到底是什么物质，有没有放射性，以及其中究竟有没有张卫民认为的人类没有发现的同位素。

3. 权威解密

2006 年 4 月底，残片被送到了中国航天部门的权威机构进行鉴定分析。虽然由于鉴定部门是国家保密单位，无法知晓鉴定过程，但鉴定结果却不会因此而有所折扣。

朱军辉已经接手过无数鉴定工作，经验丰富的他为了防止意外危险的发生，做了一系列的放射性检测。最后他宣布，残片没有任何放射性。

朱军辉（中国运载火箭技术研究院航天材料检测分析中心主任）："检测出来的结果是没有什么放射性，因为这种材料是我们航空航天中应用得比较普通的材料，这种材料本身是不含有放射性元素的。"

对于这块残片，航天部门领导十分重视，关于残片的分析检测结果，他们整理了一份非常正规的鉴定说明书。

在扫描电镜分析完毕之后，朱军辉等分析人员基本断定这种材料就是普通的铝合金。主要成分是铝，除了铝以外第二种材料就是镁，因此是铝镁系合金，其中镁的含量在 5 点到 6 点多的这个范围之内。这个结果和徐国照教授的鉴定完全一致。

下一个问题是，根据残片的化学成分，能否可以判断它是人类航天器上使用的材料？

检测结果是这种材料本身不含有放射性元素

扫描电镜分析，基本断定这种材料是普通铝合金

朱军辉介绍说："把分析出的残片成分，和我们现有的材料手册逐一对照，就能判断出它是牌号为5A06的铝合金材料。这种铝合金的主要用途是航空航天中的一些结构架，比方说是一些油箱，一些支架、口筐，类似这些箱体用的材料。"

当被问及这块残片中有没有人类没有发现的元素或同位素时，朱军辉开玩笑地说："如果能发现，那我们不就得诺贝尔奖奖金了嘛？从这个材料分析来看我认为是没有的，这是我们地球上很常用的一种材料。"

从分析结果来看，残片就是我们人类经常使用的一种航空航天材料，并不像张卫民推断的那样，含有超越人类现有水平的科技成分，但残片上烧蚀的痕迹如何解释呢？

物理学告诉我们，物体从外太空进入大气层的时候，由于高速的运动因此会与大气摩擦产生热量，当温度突破金属物的熔点时就会熔化，这几乎是无法避免的。这个摩擦产生的温度会达到6 000~7 000℃，目前我们人类发现的熔点最高的金属材料只有3 000℃多些，而这块残片是一种铝镁合金材料，铝镁合金材料的熔点约为630℃。

和摩擦产生的6 000~7 000℃高温相比，铝镁合金材料应该在坠落的过程中燃烧殆尽，没有留有残片掉下来的机会。更何况这个残片不仅只有局部烧蚀的痕迹，而且当人们用手接触它的时候还感觉是凉的，这一点院主人邢志君和派出所联防队员郭彬都可以做出证明，这也是让张卫民疑惑不解的问题。

实际上，这种现象并非不可解释。不妨设想一下，某一个航天器由于使用寿命已到，在地球的吸引力作用下开始从外太空向地球坠落。这时它进入了再入大气层的基本过程。再入大气层，就是航天器先是从地面发射穿过大气层进入外太空，在轨道上运行后返回到地球，又进入大气层的过程。当航天器进入大气层的时候，由于速度非常快，会和大气发生剧烈摩擦，把外部烧毁、解体。在解体的过程中，内部的零件不断暴露分离出来，在外部的高温作用下，刚暴露出来的零件局部表面也会很快熔化，但零件分离后由于形状不规则，在空中可能会出现摇摆、翻滚等姿态的变化，导致速度急速下降，使摩擦生热现象降至最低。这时由于在高空温度较低，10 000米以上的高空温度都在0℃以下，在气流吹动的低温环境下，残片的热量被大量带走，起到了快速降温的作用。当它掉落地面的时候，残片的表面温度已经耗散得差不多了。

某一个航天器进入大气层，和大气发生剧烈摩擦，外部烧毁、解体

朱军辉也作了证实：“这种铝合金的导热性比较好，热量沿着材料很容易挥发，在空中它就会不断散热；而掉到地面上以后，地面温度也比较低，所以温度很快就可以散发掉。就像铝锅放在凉地上，它要是没有热源的话，同样可以很快把温度散发掉。”

探索至今，已经只剩下一个疑问了，残片上层状的结构和被扭曲撕裂的痕迹该如何解释？

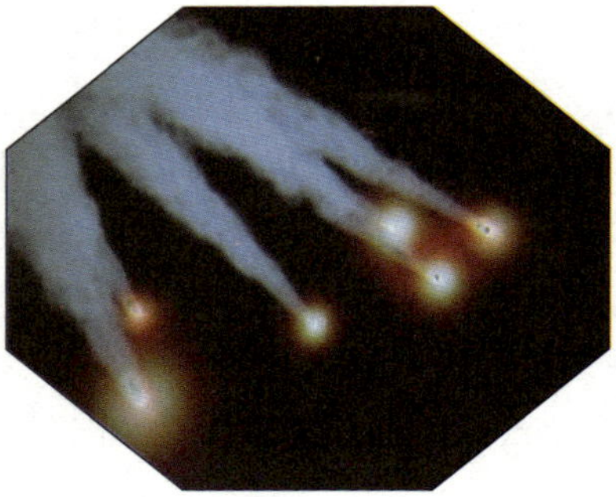
内部零件分离后由于形状不规则，在空中出现摇摆、翻滚等姿态变化

关于这个问题，朱军辉再次做出了解答：“飞行器再入大气层以后，发生一些损坏或破裂是一件很正常的事情。因为飞行器失去控制以后，受大气阻力，阻力是不规则难以预计的，它不是按照预先设定好的回归程序回归，这时候受空气冲击力，包括温度的影响，有可能会造成残骸进一步地分解破坏，所以残骸上有一些撕裂的痕迹、破损的痕迹是非常正常的。至于残片上层状的结构，基本上属于撕裂的一种断口结构和形态，也就是层状的撕裂。”

高歌说：“如果是孤立的一些金属残片无意间掉下来的话，这个最大的可能性就是太空垃圾。”

2001 年 3 月 22 日，人类有史以来最大的空间站——和平号空间站，在经历了 15 年的太空飞行后，由于无法继续绕地球飞行，最后从距离地球 220 千米的高度开始坠入大气层，它经过一系列的爆炸、烧毁后，最终坠入了太平洋。可以想象，当时的和平号空间站留下了多少碎片末节还漂流在太空中。

朱军辉认为这不是外星人的产品，还在于残片材料的组织状况，落后于现在人类所能掌握的工艺。如果这是外太空人制造的产品，那么可以想象，他们知道这种产品的时候，工艺技术比现在的人类水平还不如。换句话说，人类现在已经有能力制造出一个航天器，发射到遥远的太空中去了。因此，这不可能是外太空人的产品，而完全是人类自己的产品。

龙乐豪（中国工程院院士、运载火箭系列总设计师）也认同朱军辉的看法：“这个残片，我认为不大可能是外星球来的东西。它就是人类的航空航天器，在天上运行时出了故障，或者是人为结束了使命，在再入大气层的过程中掉落下来的。”

根据目击者的描述，加上材料鉴定的结果，以及各专家对这一奇特现象的分析，答案已经呼之欲出——它很可能是一个已到寿命或者是发生故障的航天器在再入大气层时被人们看到的精彩瞬间。

由于残片上没有明显的标志，所以根据仅有的材料分析，它有可能是从我国的航天器或者是俄罗斯、美国的航天器上掉下来的一块残片，因为在 20 世纪 90 年代，这种材料是航天器上常用的材料。

残片在坠落前经过了湖北、河南上空，恰巧在河南开封市的上空由于主体部件受到大气的影响不断剥蚀，使得一些小的部件逐渐从主体内部脱落掉向地面，但主体还继续沿着以原轨道运行的初始方向和地球的引力形成的一个夹角方向前进，以抛物线的运行形式坠向地球。

残片通过中国航天部门鉴定，它应该属于航天器上的某个非主要承力结构件的残骸。掉落在开封的只是一小块，它的主体部分掉到哪里去了呢？根据目击者描述的坠落方向——西南向东北飞行，航天器很可能坠落在了渤海或俄罗斯地区，甚至绕到了地球的东面坠毁。

虽然具体情况不得而知，但是有一份在中国空间环境研究所找到的美国航空航天公司自人类有史以来发射的所有航天器再入大气层的材料，其中的统计数据显示，在 1990 年全球有 500 多个航天器再入大气层，在河南开封人们看到的那一奇特现象很有可能就是这 500 多个坠毁的航天器中的一个。当然，这只是一种推测，是建立在残片的成分和人类的航天活动上做的一个比较合乎逻辑的推理，因为这种残片毕竟是人类经常使用的航天材料。

通过“6・23”UFO 事件的调查，能够感受到，在天空中发现的不明飞行物体一般都是能够给出一个说法的。有些不明飞行物体没能得出一个结论，可能有两个原因：一个是该不明飞行物不具备去分析的信息或条件；第二个就是没有人或某个机构对这件事情去做深入细致的客观分析与调查。据一份报告显示，在人类发现的所有不明飞行物中，有 99%是可以用现代科学加以解释的，那些没有解释或不能解释的或是提供的线索不够，或是现代科技还有待发展。

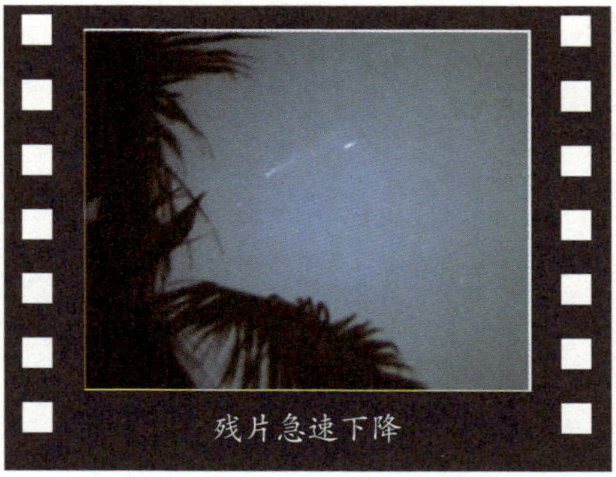
残片急速下降

大众对外太空存在智慧生命的各种想象都可以理解，但目前来说还没有足够的证据能够证明这一点，科学界也正在全力探索寻找，人类发射火星探测器、冥王星探测器都是想从中发现生命的迹象。

人们无穷的想象力给了导演灵感，创作出了无数有关外星人的精彩影视作品，如《ET 外星人》《外星人入侵地球》《独立日》《天煞》等影片。在满足观众强烈好奇心的同时，其塑造的经典银幕形象也在人们心中深深扎下了根，影响了人们的判断，以致稍有蛛丝马迹就会认为是外星人的某种活动。

尽管目前为止各个不明飞行物事件调查结果都不足以说明与地外文明有明显的关系，其中很多都是人类自己的活动，但这并不意味着否认 UFO 这种现象的存在，也没有否认外星智慧生物存在的可能性，只不过这一切的揭晓，还得静待未来科技的发展。终有一天，这些现象会有更为合理的解释。

（齐义民）

科幻之旅·克隆人

《巴西来的孩子》《第六日》和《逃出克隆岛》这三部电影，有人对它们可能陌生一些，有人会觉得非常熟悉。虽然出产的年代不一样，但这三部电影都有一个共同的特点，那就是里面的人物，无论是巴蒂、林肯、六艺，还是亚当，他们都被克隆过，他们都是克隆人。那么我们的生活中到底有没有克隆人呢？克隆人什么时候能够出现呢？今天我们就透过科学看科学，带领大家一起去探讨一下有关克隆人的问题。

1. 早期电影中的克隆人

施瓦辛格饰演的男主角亚当是一名直升机驾驶员，从意外中生还后回到家

“我们不就在这儿吗？”

“你是谁啊？”

“我是克隆人啊！”

这是《巴西来的孩子》的一段台词。关于克隆人题材的电影，《巴西来的孩子》并不是最早的。影片讲述了这样一个故事：二战结束后，一些纳粹分子潜逃到南美洲继续进行纳粹活动。希特勒的医生门格勒则想再培养出一个希特勒来，妄图再次统治世界。他利用希特勒的血液和头发进行克隆，培养出了 94 个小希

他竟然发现一个和他长得一模一样的人出现在他家里，并取代了他的男主人位置

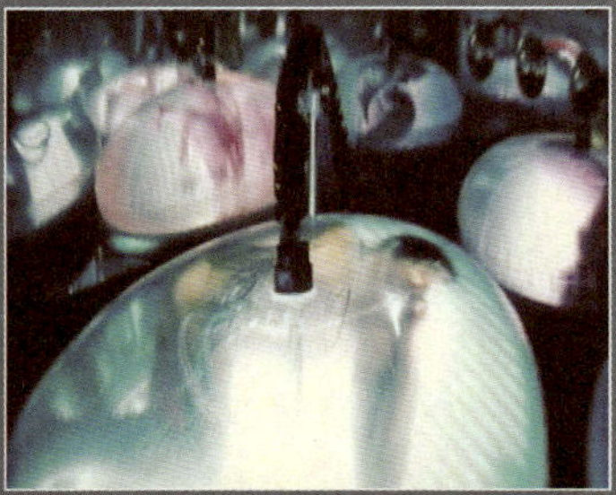

实验室的巨型冰箱里面装着没有任何身体特征的透明人型胚

特勒。

在这部影片推出的 1978 年，人们对克隆技术还不甚了解，而影片的导演则没有忘记对观众进行一次科普教育。影片中的犹太调查者对这种技术也是第一次听说，医生详细给他讲解了克隆的概念。

“克隆，就是一个体细胞的核放入一个去掉核的卵细胞内，通过激活进行培养。这样生长出来的婴儿与体细胞的提供者将一模一样。”

门格勒用这项先进的技术造出了 94 个小希特勒。作为医生的他明白，希特勒的生理特征可以复制，后天的社会阅历却无法复制。于是他仿照希特勒的成长经历，为这些孩子找到了与希特勒小时候极其相似的家庭。比如父母年龄的差距，家里养着猎犬等，甚至希特勒的父亲在他 16 岁时去世也要仿效。于是这些孩子 16 岁那年，他们的养父一个接一个地被人谋杀。犹太人一直致力于追查那些逃亡的纳粹分子。这时，他们发现了门格勒的阴谋，与纳粹展开了生死搏斗。

最终，一个小希特勒看到养父被杀，放出猎犬，咬死了门格勒。

郑军（科幻作家）：“早期的克隆题材，里边的克隆人就是个生殖的概念。通过上一代人的体细胞，而不是生殖细胞来生殖出下一代。他还要从一点点的像一个小孩开始，完全是从小长到大，一点点自然地长起来。这是一个科学的克隆概念，克隆的后代和他的上一代人，只继承了生理上的特点，剩下的心理上的，包括记忆都不能继承下来，这是科学的克隆概念。”

其实在这部电影拍摄的时候，科学界已经开始研究克隆技术了，只不过那个时候，都是用胚胎细胞进行克隆，而还没有发展到用体细胞技术来进行克隆。

克隆人插话说：“的确如此，在那个年代只进行过一些小动物的克隆，比如金鱼、青蛙，而我这样的克隆人，那时候都是天方夜谭，根本不可能实现。”

“你说得没错，往往都是这样，科幻作品要比我们的现实超前一些。所以这些作品当中，我们看见科学界还没有展开研究的体细胞克隆技术。”

“就像刚才电影里面那 94 个小希特勒一样。当然了，我也是这样的。”

的确如此，其实说到体细胞克隆技术，我们也都知道，1997 年的时候，在英国的罗斯林研究所诞生了世界第一只用体细胞克隆出来的绵羊多利，虽然说后来多利死亡了，但是多利也开了一个很好的先例。从那以后，像什么克隆马、克隆牛、克隆狗，甚至是克隆猴这样的灵长类动物也纷纷地出现了，我们可以说克隆技术发展得比较成熟了。但是似乎这些动物被克隆出来之后，人们还不满足。人们似乎都在关心着一个非常重要的问题，那就是克隆人什么时候出来，他到底会不会出现在我们身边。

1998 年，意大利医生塞维里诺·安蒂诺里率先宣布，他要为广大不孕不育夫妇的幸福，开始克隆人的实验。随后美国的生殖学家帕诺斯·扎沃斯也加入克隆人的行列，种种举动着实让各国政府捏了一把汗，纷纷出台政策禁止克隆人的实验。

陈大元（动物克隆专家）说：“我认为克隆人，从技术上来讲，是可以做成的，但是为了维护人类的健康发展，我是反对克隆人的。现在国际上，因为受到一些经济的诱惑，有些科学家以及技术人员，也可能在某些小岛上面偷偷地干，这个谁也不知道是真的还是假的。不过前几年说的克隆人完全是假的。”

2. 《第六日》

各国政府都在制定法律严格禁止进行克隆人实验。而科幻电影中则要帮助人们突破这个禁区，假设克隆人

它们静静地飘浮在装满胚胎液体的大水箱里，毫无表情的面孔对着实验室

在克隆人亚当的帮助下，亚当战胜了邪恶的克隆人公司

已经取得成功，以此来设计戏剧性的冲突。而且这个时期的克隆人题材电影已经更进一步，不仅仅是生理，甚至包括心理、记忆都能被复制。

2000 年上映的《第六日》可谓这方面的一个经典。

在不久的将来，所有动物包括宠物都可以被复制，但人类的复制仍是非法的行为。然而充满野心的科学家却不死心，继续秘密地研究复制人类的可能性。施瓦辛格饰演的男主角亚当是一名直升机驾驶员。有一天他从一件几乎让他丧命的意外中生还，回到家竟然发现一个和他长得一模一样的人出现在他家里，并取代了他的男主人位置，可是他的妻子和孩子却毫不知情。

此时亚当发现事件背后有一群人想尽办法要杀死他，以保住这个惊人的实验秘密。而他必须想办法夺回他亲密的家人，保护妻子、孩子以及他自己的人生，于是一场惊天动地的斗争就此展开。

它们被注入DNA后就成为活生生的克隆人

“我们不就在这吗？”
“你是谁啊？”
“我是克隆人啊！”

最后，他发现一个可怕的事实——原来是一群克隆人试图要取代这个世界。

在克隆人亚当的帮助下，亚当战胜了邪恶的克隆人公司。与自己的妻子孩子重新过上了幸福的生活。

在这部影片中，有一个场景对人影响颇深，那就是克隆人的实验室，里面到处是玻璃和不锈钢，还有最先进的医疗设备和电脑屏幕。最惹人注目的是两个巨型的冰箱，里面装有没有任何身体特征的透明人型胚，它们静静地漂浮在装满胚胎液体的大水箱里，毫无表情的面孔对着实验室，它们将被注入 DNA，成为活生生的克隆人。

克隆公司获得人们的遗传信息，在植入胚体 2~3 小时后，克隆人就出现了。它拥有本体的一切，甚至包括记忆、心理。更为可怕的是这种克隆可以周而复始地进行下去，只要愿意被克隆，你就可以永远不死。而想弄清楚自己被克隆了几代只有翻开眼皮仔细查查了。

刘慈欣（科幻作家）说：“影片中这个技术已经远远超过咱们现实的技术了，甚至现实就是克隆人都无法实现，虽然到了实现的边缘，但是也无法实现。至于说到人体在短时间内成长到这种程度，特别是最后那一项，把思想重新灌注到人的大脑里，这个技术已经属于超级技术了，绝对的科幻，在现实中是不存在的。”

就在克隆人已经平息的 2002 年底，从事克隆人试验的“克隆援助”公司的负责人、雷尔教派科学家布里吉特·布瓦瑟利耶在美国佛罗里达州好莱坞举行的新闻发布会上宣布：被该公司的科学家们称为“夏娃”的克隆女婴，于 2002 年 12 月 26 日通过剖腹产降生。事隔几天之后，布瓦瑟利耶又在接受法国电视台记者的采访时透露，第二名克

和克隆人亚当一起生活的亚当

《逃出克隆岛》主角林肯6-E和几百个伙伴生活在一个类似于乌托邦的地下社会中

在他们周围是先进的精密仪器，有条不紊的生活节奏和高效智能的防御系统

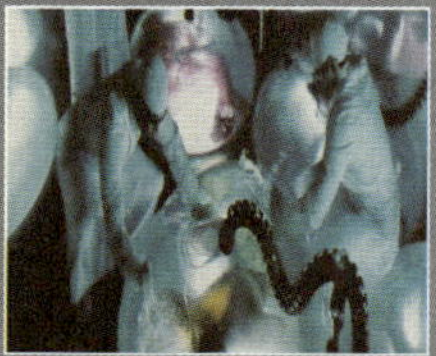

基地的科学家正施行手术，克隆人的器官被取出送出基地

几百个克隆人逃出了不见天日的生产基地，站在一片荒原上

隆女婴也将在欧洲的某个国家诞生。虽然这些早已被证明是一场场的闹剧，但这件事本身使得有关克隆人、复制人的辩论在世界范围内再掀波澜。在公众的心里，能否接受克隆人这一事实呢？

王晋康：“我认为克隆人是这样的：不管愿不愿意接受，它都是肯定要出现的，这个观点我在好多文章里面都已经公开表达过了。它是一种成熟的技术，而且有太多的经济利益以及太多的科学方面的利益，所以说如果它不往下进行是不可能的。但是克隆人确实是极大地冲击了人类的伦理道德，它确实也是非常可怕的，但是这种可怕的事情我认为人们只有去接受。”

江小原：“现在有一些科学家坚持要做这个克隆人的实验，而且各国政府的法律也不一样，很可能这个事情不一定挡得住，如果挡不住，电影中的那种情景真的出现了，这样的克隆人真的出现了，这个时候就会把社会逼到要解决那个问题的时候了。”

3. 《逃出克隆岛》

从技术角度说，克隆人的出现已经不是什么十分困难的问题，更多的克隆人题材影片开始探讨克隆人的权利问题。如果克隆人出现，他们是人吗？我们应该怎样对待他们呢？

他们看着这个陌生的世界，眼睛里充满了惊恐和期待

克隆人说：“我同意专家的话。大家应该好好讨论一番。我不能老是待在这虚拟的演播室里啊。我应该有在世界上生存的权利！我想

到外面去看看。”

另一个也说：“还有我！我也要出去！”

克隆人在生产基地里被称为产品

这是《逃出克隆岛》中的一个片断。

2005年推出的《逃出克隆岛》就是以探讨克隆人的生存权利为主题的电影。

基地里的总控室

故事设定发生在2019年，主角林肯6-E经常在怪梦中醒来。

他和几百个伙伴生活在一个类似于乌托邦的地下社会中，在他们周围是先进的精密仪器，有条不紊的生活节奏和高效智能的防御系统。

虽然终日不见天日，但根据基地科学家的描述，在他们的头上，整个星球已经被核战彻底地污染，没有任何生物能够在那里生存。

乌托邦的生活虽然一切井井有条，但自然和自由更令人向往，所有基地的居民都盼望着一个抽签的机会，幸运者将会被送到最后一个未被污染的地方，一个叫天堂岛的世外桃源，而这一次获得这项荣誉的是林肯6-E的女朋友，美丽的乔丹2-D。

由于基地管理者的疏忽，一只外面世界的飞蛾飞进了这座封闭已久的地下城市，它的出现令林肯 6-E 疑窦顿生，因为按照基地管理者的说法，所有的生物都在核战中灭绝了。在飞蛾的带领下，林肯 6-E 来到了基地的中心，在那里他看到自己从前被选中前往天堂岛的朋友斯塔克威泽，但展现在面前的并非描述中的美丽，基地的科学家正为他施行手术，他的器官被取出送出基地，至此林肯 6-E 终于明白：自己的生活其实是一个巨大的谎言，他们都是被克隆组织控制的克隆人，他们存在的意义只是为本体提供新鲜健康的器官。

与《第六日》相比，这部影片在现实性方面增强了许多。《第六日》进行克隆的目的是建立一个克隆人的世界，是个根本不可能实现的幻想；而《逃出克隆岛》，进行克隆的目的则是为人们提供健康的器官，这对于目前现实中的医疗研究来说确实是非常实用的。

郑军说："《逃出克隆岛》这个题材比较接近于科学，已经有过这种说法，我们为了将来老了以后，可以做同体移植，要用我们的体细胞做一些后代。生殖细胞生的后代有人权，体细胞培养的后代没有人权，这是其中一个重要的概念。"

得知真相的林肯 6-E 带着乔丹 2-D 逃离基地，进入他们从未涉足的现实生活之中。但此时国家特工和基地组织的杀手已经将他们锁定为最危险的目标，一场猎杀和抗争、追逐与逃脱的斗争已经拉开了序幕。

几经周折，林肯 6-E 见到了自己的本体。可是本体不但不帮助自己，而且还想把他们置于死地。最后，林肯 6-E 以自己的智慧取代了贪婪自私的本体。

克隆人是什么？他们是人吗？他们在这个世界上怎么生存？在电影中，我们看到，他们虽然有生命，但他们根本没有人的生存权利。他们在生产基地里被称为产品。当产品出现问题时，这些克隆人就要像处理次品一样被销毁。多亏林肯 6-E 及时赶到，毁掉了基地里的总控室，克隆人终于见到了真实的世界。

影片《逃出克隆岛》的结尾非常耐人捉摸，几百个克隆人逃出了不见天日的生产基地，站在一片荒原上。他们看着这个陌生的世界，眼睛里充满了惊恐和期待。人们不禁替他们着想，这些克隆人该到哪里去，他们的身份是什么？

待在虚拟演播室里的克隆人们

刘慈欣说："尽管克隆人所有的属性和人没有任何区别，但是他仍然只是一个类人，仍然受到深深的质疑。这当然是一个文化的原因。但是相信如果克隆人出现的话，这种事情应该是能够解决的。因为人类历史上一直伴随着人与人之间的歧视、不平等，但是人类的这种不同种族的障碍也正在消除，包括这样的事情随着时间推移应该是可以解决的。"

陈大元说："比如由母亲的体细胞克隆，或者父亲的体细胞克隆，他在家庭的地位上就不一样。究竟是我们的孩子，还是我们的兄弟姐妹，这在辈分上也不好弄，而且血缘上也不好弄清楚关系。从这种简单的例子就可以知道：家庭是一个社会的细胞，而这个细胞都乱七八糟的，等于社会也会被慢慢弄得乱七八糟，这样一个国家怎么治理。"

关于克隆人题材的电影还有很多。不过，一般探讨的问题都是如果他们出现的话将要面临的社会道德、伦理等这些问题。我觉得正如刚才的一些专家所说，每个人对这个问题有不同的看法。有的人认为它就像是几十年前诞生的试管婴儿技术一样，会给我们人类带来福音；但也有人认为它恰恰就像潘多拉魔盒一样，一旦我们打开它，那么后果不堪设想，甚至我们人类都会被它毁灭。

你看如果现在有好几个克隆人，发工资的时候到底该发给谁啊？

"发给我，还是发给他们俩？"

"当然发给我了，发给我。凭什么给你呀？"

"当然给我了，给我。"

所以说，我们要是想杜绝这个现象的出现，让我们的世界变得清静一点的话，只有一个办法：防患于未然，从源头把这个事情了结，严格禁止克隆人的出现。这样，世界就会清静了。

（宋岩君）

科幻之旅·天地大冲撞

天地会大冲撞吗?

《世界末日》《深度撞击》中陨石撞击各城市的场景就是天地的大冲撞。

那些惊心动魄的画面都源于两部电影：一个叫作《世界末日》，一个叫作《深度撞击》。我更喜欢另外一个翻译的名字，叫《末日救未来》。我们看到的那个场面，真的是非常宏大。一颗天体突入大气层撞击到地面。它的爆炸当量相当于几十亿甚至上百亿颗原子弹，转瞬之间海啸卷起的巨浪铺天盖地涌向陆地，我们的家园被毁，我们人类的文明也危在旦夕。每个看到这部电影的人，恐怕都会为电影特技带来的震撼效果而深深沉醉，但不知道大家考虑过另外一个问题没有?那就是这种现象会不会真的发生呢?只要牛顿三大定律还存在，只要太阳系当中那个微小的小行星带还存在，只要每年光顾我们地球的天外物质还能达到几百吨甚至更多数目的话，也许有一天这个恐怖的电影就会成为现实。那么，面对着不可预知的甚至将会毁灭人类的一场灾难，我们真的是束手无策吗?我们能否像电影当中那样做到“末日救未来”呢?

1. 不是彗星毁灭我们，就是我们毁灭彗星

1997 年推出的科幻电影《世界末日》为我们讲述了这样一个故事：美国卫星与航天飞机突然之间被摧毁，与地面失去了一切联系。休斯敦太空总署的所有人员穿梭忙碌着，刚发生的意外令每一个人坐立不安。工作人员紧张焦急地检查着各种仪器，他们没有想到更大的威胁接踵而至。

陨石撞击城市

休斯敦太空总署很快得出了结论，这是一场大规模的陨石雨，破坏力极大。众人一筹莫展，而太空望远镜传回的最新照片更是让人瞠目结舌：一颗直径有得克萨斯州大小的彗星正向地球飞来，18 天后它将撞击地球。

一颗天体突入大气层撞击到地面

毁灭人类的灾难突如其来，人们甚至没有任何准备。正如影片中太空总署负责人卡尔所说的，不是彗星毁灭我们，就是我们摧毁彗星，对此我们别无选择。这样灾难性的场景在科幻电影中似乎司空见惯。但是现实生活中，我们曾经遇到过这样的灾难吗？

科幻作家刘慈新说："总的来说，大灾难在整个地球的历史上是屡见不鲜的，是很正常的事，发生过多次生物大灭绝。"

科幻作家郑军说："我们地球确实承受过这样的灾难，古生物学家认为地球曾经反复地经过大型天体的冲撞，包括恐龙毁灭的那一次。"

恐龙毁灭的那次发生在什么时候呢？

1980 年，科学家在尤卡坦半岛的岩层中，发现稀有金属铱元素是地球正常量的 200 倍，而太空中的铱含量比地球高 1 000 倍。这让科学家们相信这些铱

元素来自外太空。在尤卡坦半岛的深海中，资源卫星发现一个直径达到180千米的陨石坑，科学家推算，这是一块直径10千米的天体，以每秒40千米的速度撞向了地球。而在这次撞击后，地球上的霸主恐龙消失了。经过地质调查，科学家将这次撞击定格在了6 500万年前。

李竞："因为它高速运行，产生的摩擦力就把它完全熔化了。熔化的结果就使得它前端成为一个气柱，这个气柱撞到了地球上温度高达20 000℃，20 000℃的高温是什么概念？就是这个气柱冲上任何东西，无论是海还是生物还是石头、岩石，通通都立刻地汽化。它的撞击产生的动能，相当于120万次8级地震，产生的当量，相当于50亿个广岛原子弹。"

在地球发展的历史长河中，不断有天外来客与地球亲密接触。目前，科学家已经找到200多个陨石坑遗迹。1908年6月30日清晨，西伯利亚中部，一个巨大的火球从天空中划过。它着地之后引起了一场大爆炸，扫平了大约2 000平方千米的森林。这一事件被称为通古斯卡爆炸，人们对它提出了反物质、黑洞、

转瞬之间海啸卷起的巨浪铺天盖地涌向陆地

它的爆炸当量相当于是几十亿甚至是上百亿颗原子弹

我们的家园被毁

外星飞船坠毁等种种戏剧化的说法，但最令人信服的解释是：一块彗星碎片撞击了地球，如果晚到8小时，它就可能把伦敦城变成一片瓦砾，电影《世界末日》中的场景将成为现实。

要说有些事情真的是有意思啊，对6 500万年前发生在尤卡坦半岛上的那次撞击，我们现在基本上都能得到共识。但是对通古斯卡事件，虽说这件事情离我们现在非常近也就是1908年发生的事，可是我们很多人，并不认为它就是彗星撞地球。前面我们也讲到，关于它有着各种各样的解释。如果天体撞击地球之后产生的灾难规模到底有多大？就这件事来说吧，有的科学家就认为它会导致我们人类像恐龙那样灭绝，也有人认为在我们现有的技术条件下不可能人类全部灭绝。虽然这些都是人类自己的一些推测，但其中还是有些科学道理的。毕竟我们现代人没有亲眼看见过这么壮观、这么惨烈的场面，所以1994年发生的著名的天文事件——彗木相撞，就给了我们一个观测天地相撞的非常好的机会。

1994年，一颗围绕木星飞行的彗星在引力作用下飞行轨道发生变化，7月16日被木星引力分解成21块彗星碎片向木星撞去。人们通过望远镜目睹了这次天体间的大冲撞。

李竞说：“这次壮观的天文现象使得天文学家极大地提高了警惕。如果类似的事件，不用说是21块，哪怕是有一块2千米级撞到了地球，那个天灾造成的人祸，也是很难承受的。”

2. 如何撞击彗星

巨大的陨石像一头张牙舞爪的怪兽缓缓逼近地球

自从彗木相撞之后，相关的电影也陆续地出现了，这让我们普通人类真正地感受到了小行星撞击地球的威胁。美国时代周刊在进行一次民意调查的时候，发现认为有可能在21世纪对人类生命造成最大威胁的灾害和疾病当中，小行星撞击地球被排在第一位。由此可见，我们人类对于未来充满了太多的未知。后来，我们又陆陆续续地听到消息，比如说有某颗小行星与地球擦肩而过，而我们是等它到了跟前才知道。各个国家的科学家也都非常注重于对小行星撞地球的研究，先后有爱里斯宣言以及共同防卫的计划，但是怎么来面对小行星的这种威胁呢？按照现在的科技水平，可能只有两种方法：一个就是炸毁它；一个就是强行改变它的飞行轨道。不过，这两种方法，目前看来，恐怕都要我们投入大量的资金、人力、物力，到时候好用不好用，现在还不太清楚。那让我们先来看看电影中面对来自天体当中的威胁，我们人类是怎么办的？

影片《世界末日》中，美国太空总署做出的方案是让航天飞船在彗星上着陆，并让专业人员在陨石上钻一个800米深的洞，放入核弹，把彗星炸碎或是改变它的飞行轨道。

专业人员准备在陨石上钻一个800米深的洞

于是当务之急是去找最好的石油钻探工人哈里。他既是油田老板，也是最有经验的钻探师。

石油钻探师哈里临危受命，经过短暂的航天训练，哈里与他的助手们乘坐两艘航天飞机顺利进入太空。在俄罗斯空间站补充了燃料，一位俄罗斯宇航员也加入了拯救地球人类的行列。两艘飞船向既定的目标飞去。

郑军说："这是科幻片的一个特点，它关注的事情是超国界、超民族的，尤其是现实题材的作品，它往往是关注我的家园，关注我的社区，甚至我是天津人，我就写写天津的事情，你是北京人，你就写写北京的事情。科幻题材一开始就是我们全人类的事情，我要写全人类的事情，这种灾难片尤其能体现全人类是一体的这种概念。彗星要撞过来之后，国家、民族这些区别都不存在了，我们都是一条船上的人。这就是这类作品的主题。"

巨大的陨石像一头张牙舞爪的怪兽，在太空中翻滚移动，缓缓逼近地球。两艘飞船盘旋着向陨石靠拢，无数的小陨石向飞船袭来。飞船不断地躲闪，不断地靠近。

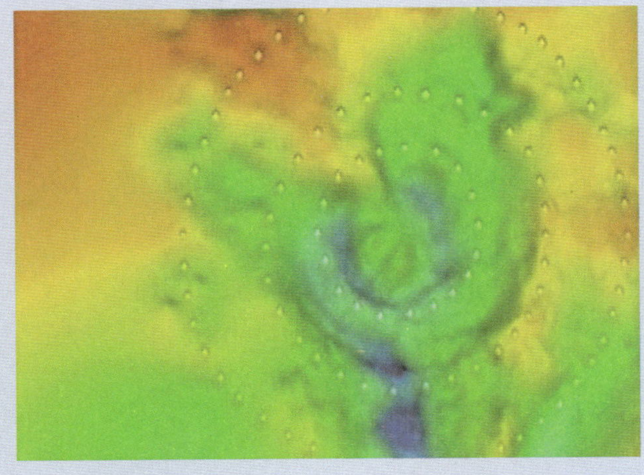

天空中出现了一道绮丽的光环

陨石改变了飞行轨道，与地球擦肩而过

意外还是发生了。

"独立"号飞船在着陆过程中被彗星碎片击中而坠毁。

最后，哈里乘坐的飞船成功降落在彗星上。就在他们钻出800米深坑，准备放置核弹时，一件令人意外的事情发生了：引爆核弹的遥控器失灵了。

最后，哈里挺身而出，留在了彗星上，亲手按下了引爆按钮。全世界的人们都看到天空中出现了一道绮丽的光环，随即陨石被炸成两段，改变了飞行轨道，与地球擦肩而过。

在现实中，科学家们早早就开展了应对天体撞击的对策研究。

一颗天体突入大气层撞击到地面。
它的爆炸当量相当于
几十亿甚至是上百亿颗原子弹，
转瞬之间海啸卷起的巨浪铺天盖地涌向陆地。

其中一项设计就是利用核弹击毁彗星，使它分解或者改变航向。1996 年，美国太空总署就提出，一旦发现有天外来客想撞击地球，他们会联合俄罗斯将核弹装载在大型火箭上，击毁这不速之客。但是这种方案也存在弊端。

李竞说："如果炸上去，出现了一批碎片，而不是一分为二、一分为三的一些碎片，到那时候就控制不住了。就是说，无论哪一个小碎片撞上地球，都是灾难。"

在另一部同类型影片《深度撞击》中，科学家们就遇到了这样的情况。

科学家们发现一颗重约 500 兆吨、面积相当于纽约市大小的彗星，正在围绕太阳运行。可是它所运行的轨道，将与地球相撞。

科学家们发现一颗面积相当于纽约市大小的彗星将与地球相撞

为了拯救地球，政府派遣由美、俄联合制造的飞船"弥塞亚"号登陆彗星，试图用核装置引爆彗星。

在彗星上钻洞并不是一件容易的事情。

就在宇航员们即将完成任务的时候，阳光照到了彗星上，宇航员们遇到了前所未有的困难。

克服重重困难后，核弹在彗星上终于爆炸了。然而由于对彗星结构分析的不够，爆炸使彗星分成大小两块仍继续飞向地球。地球将面临更大面积的撞击。"弥塞亚"号则在行动失败后与地球失去了联系。随着彗星与地球的距离越来越近，人类已经无法阻止其前进，地球虽然不会因为撞击而消失，但撞击所产生的海啸与尘埃将会给地球上所有的生命以致命的打击。

为了拯救地球，政府试图用核装置引爆彗星

为了能够使人类生存下去，政府不得不实行了最后的"方舟"计划，即建立一处秘密庇护所，里面存有种子、植物、动物和少数人类的精英，以便在两年后尘埃落定再出来完成自己的重任。

撞击的日子终于来了，小彗星以超过光的速度撞进了大西洋，顷刻之间纽约、波士顿、费城等地被海啸吞没。无数生灵在灾难中瞬间消失。

让人更加绝望的是，大块彗星正在向地球撞来。幸运的是，"弥赛亚"号几经波折后又与地球取得了联系，宇航员们毅然启动核装置，义无反顾地冲向随后而来的大彗星。

苍穹划过一片壮丽的流星雨，人类终于得救了。

面对小天体撞击地球的威胁，科幻电影《世界末日》《深度撞击》为我们提供了核弹攻击的方法。但是这种方法是否有效，目前我们也无法验证。除了使用核弹击毁的方法，科学家还提出了用宇宙飞船推动小天体改变方向的理论。无论哪种方法，前提都是我们发射的航天器能够击中这个突如其来的小天体，而这一技术在现实中能不能实现呢？

阳光照到了彗星上，宇航员们遇到了前所未有的困难

李竞说："我们射箭能够百步穿杨，这次要是叫这两个天体在天上撞击，那应该说是百万步穿杨，这太难实现了。"

实际上，根据一些科学家的理论，他们认为如果我们用核弹轰击彗星或者是小行星的话，恐怕会适得其反。因为那些散落的碎片，就会像《末日救未来》当中那样，可能会对我们造成其他的一些威胁。面对这样的情况，世界各国都推出了自己不同的应对小行星的方法，比如美国纳萨州就推出了重力拖车这样

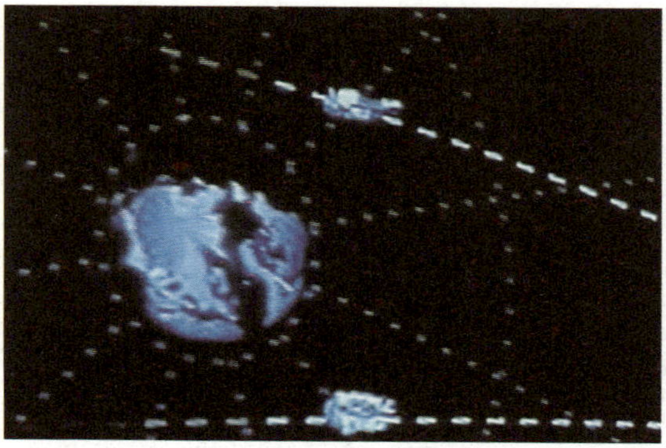

爆炸使彗星分成大小两块仍继续飞向地球

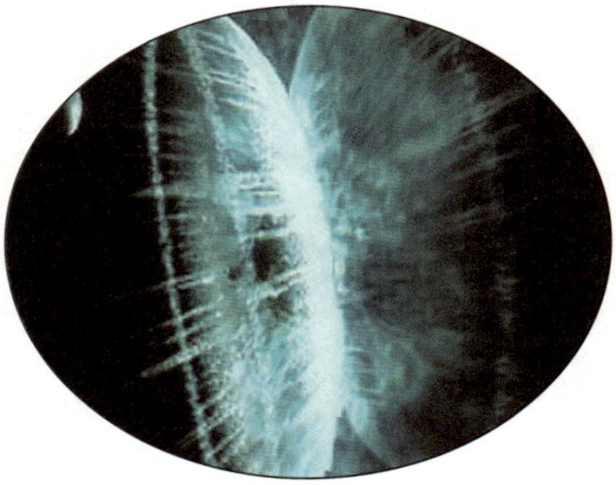

彗星与地球的距离越来越近，人类已经无法阻止其前进

一个概念，就是说，发射一个航天器围绕这个小行星运行，靠这种引力场的作用迫使它改变自己的运行轨道，这听起来似乎是一个非常温和的办法。另一个办法就是，欧洲航天局的“堂吉诃德”计划，计划是发射两艘飞船，大的一艘叫堂吉诃德，小的那艘叫桑丘，听起来跟小说当中的一样。当发现小行星的时候，用堂吉诃德去撞击它，然后利用桑丘进行进一步观测，从而找到我们人类采用的这种撞击的方式改变小行星运行轨道的方法。但不管哪一种方法，目前看来要完完全全地实现它，恐怕技术上还有一段距离。但是小行星对于我们的威胁似乎也在与日俱增，那么，面对它的威胁，我们该怎么办呢？当然不能坐以待毙。首先，要建立一个非常完整的观测体系，随时观测来自太空当中的这些不速之客；再有，运用我们的科学技术，尽快地想出一些解决方案，才能保证我们人类永远地生存在地球之上。

2005 年，美国科学家完成了一项名为“深度撞击”的科学实验。这次实验历时 5 年，耗资 3.3 亿美金。科学家发射航天器，跟踪一个名字为“坦普尔 1 号”的彗星，在 7 月 4 日这一天，航天器击中了“坦普尔 1 号”彗星。这次实验为人类应对小天体的撞击提供了重要尝试。

面对天外来物撞击的威胁，人们还在不断地寻找解决的方法。相信危险来临时，将会有更完善的应对之策。

（宋岩君）

科幻之旅·机器人

《我，机器人》中的桑尼-5机器人把自己隐藏在同类中，人类警察搜寻桑尼-5时，桑尼-5发问："我是谁？"

大家看到电影中的机器人真是活灵活现，简直和我们人类已经没什么区别，甚至用"我是谁？"这样的大问题来开始思考了。是啊，可能很多人都会想，机器人，它真的会有独立的思维吗？我们真能造出像人一样的机器人吗？

1. 机器人，当你醒来

《变人》中的家务机器人安德鲁

在春秋时期的著作《列子·汤问》里有这样一个故事：周朝的国君周穆王收到了一件礼物，这件礼物是一个能歌善舞的美男子。神奇的是，其实这个美男子从头到尾都是由木头做成的，他不仅看上去和真人一模一样，甚至还可以和周穆王的妃子们眉目传情，让她们爱上了这个木头人。这个木头做的美男子，可以说是机器人的最早雏形了。看来，想造出一个和我们人一样的机器，是我们自古以来就有的一个梦想。

可是，这个梦想能变成现实吗?

其实我们最初制造机器人，是因为有一些工作对于人类太过困难，用我们的血肉之躯显然没有办法完成。因此，我们制造了机器人为我们代劳。如果我们更进一步，让机器人包办所有的家务，成为我们的家庭佣人，那将是一个多么完美的家用电器啊。《变人》中的家务机器人安德鲁就是这样一个完美的机器仆人。

一天，机器人安德鲁被马丁一家买到家里，开始了他机器仆人的生活。对于他的主人，他没有任何要求，只要给他一个电源插座，他就可以为马丁一家做任何事，从保姆、厨师、快递、遛狗到管理家庭收支，几乎无所不能。并且，像安德鲁这样的超级家用电器已经非常普及，几乎家家户户都有，人们走在大街上，常常可以和机器人擦肩而过；而机器人，则会礼貌地停下来问候他们的使用者。

宗光华：“机器人，英文缩写ROBOT，最早叫作机器的奴隶，或者说会工作的奴隶，这个词本身的来源就是这个意思，人们很自然地就会想到，机器人应该帮人来做事，是一个很好的助手。”

应该说，这样的机器人是一种非常符合我们理想的机器，忠心耿耿，任劳任怨，而且不求回报，可是，说到底，它也只是一件完美的家用电器，它的智能只是一种电子程序，对于主人的情绪变化，他们不会做出反应，也就是说，我们的喜怒哀乐，与机器仆人们一点关系都没有。就像我们今天的超级电脑“深蓝”，虽然它可以战胜我们的棋王卡斯帕罗夫,可它仍然只是一台没有生命的机器。那么，我们能不能也给机器人输入一些情感程序呢?

机器人安德鲁几乎无所不能

影片《人工智能》中的小机器人大卫就是一个拥有情感程序的实验产品。在大卫的程序里，他存在的意义就是要得到妈妈的爱，这是他所有快乐的源泉，妈妈莫尼卡每一刻的喜怒哀乐都牵动着小大卫的心。然而，当莫尼卡真正的人类儿子马丁病愈回家以后，大卫发现妈妈更加疼爱的是马丁。因此，他陷入了深深的沮丧当中，甚至开始和马丁争宠。当莫尼卡一家吃饭的时候，大卫为了显示自己和马丁没有区别，也把饭菜塞进自己嘴里，结果却弄坏了自己的电路板。

控制机器人大卫的显然是一种非常精密高级的情感程序，那么，在我们的现实生活里，像大卫这样被输入情感程序的机器人到底有没有呢？

宗光华：“情感机器人在日本最早开始，应该说20世纪60年代的时候就开始了。发展到现在，大家已经非常关注这件事。原因就是因为机器人所有的技术，在人形机器人身上，体现得非常突出，非常集中，非常综合。另外，人形机器人将来在发展到了家用机器人的时候，与人的交流、与人的共存，形式会比较好一点。”

在影片中，深爱着妈妈的机器人大卫最后被妈妈遗弃了。它单纯地认为，只要自己变成了真人，就能重新得到妈妈的爱，而童话中的蓝仙女能实现自己的愿望。为此，小大卫踏上了寻找蓝仙女的路途。在这个过程里，得到妈妈的爱变成了一个强烈的愿望，驱使大卫克服了一个又一个的困难。最后，大卫见到了自己的制造者，发现了许多和自己一模一样的机器人模型，这才明白原来自己并不是独一无二的，而是可以放在生产线上批量生产出来的，这样的自己怎么可能得到妈妈的爱呢？于是，绝望的大卫把自己沉入了大海。而大卫的种种行为并不是情感程序的控制，而是自我意识觉醒后的反应。那么，智能机器人真的能发展出独立的思维吗？

影片《人工智能》中的小机器人大卫

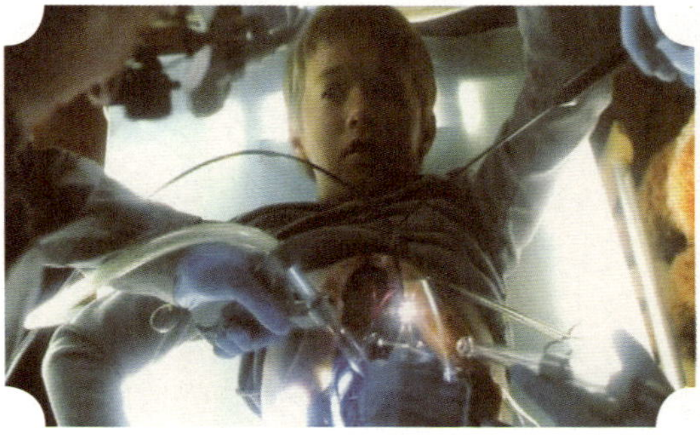

大卫弄坏了自己的电路板

我们进行了街头采访：“你相信电脑和

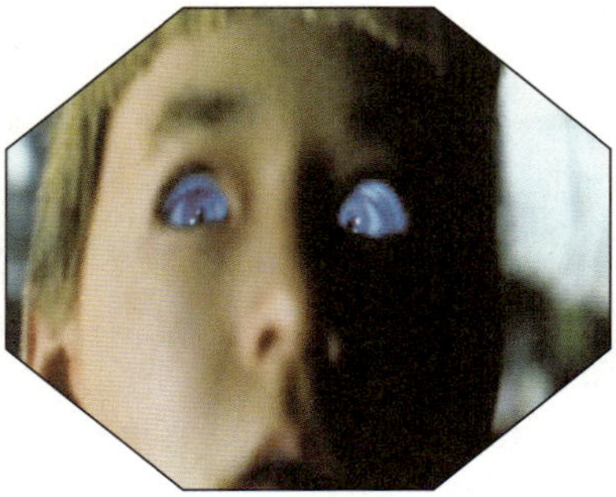
大卫是一个拥有情感程序的实验产品

机器人发展到以后会有独立的思维吗？”

路人 A：“不相信。”

路人 B：“不相信。”

路人 C：“相信。”

路人 D：“相信。”

路人 E：“不相信。”

……

其实，在判断电脑有没有可能出现思维之前，有一个问题我们必须找到答案，那就是，我们自己的思维是如何产生的呢？

宗光华说：“人的大脑有 150 亿个细胞，就是这种神经元从量变到质变的发展，就变成了历史，就变成了思维。”

王晋康：“在人的大脑内，有没有超自然力的东西？有没有超越物质单独存在的灵魂？都没有，它就是 150 亿个神经元。”

150 亿个神经细胞的相互作用到底是一个什么概念呢？假设我们所有的神经细胞仅仅只是具备开和关这两个状态，那么，它的计算能力就已经是一个天文数字了（2 的 10 次方的 100 万次幂）。这个数字要是让我们用笔写出来，按照每秒写一个数的速度计算的话，我们要写上 90 年。这样的计算能力，我们现在的那些所谓超级电脑是绝对望尘莫及的。所以说，其实我们每个人都拥有一台世界上功能最强大的电脑。那么，既然人脑的功能这么强大，我们的电脑能不能赶上这样的水平呢？冷冰冰的机械程序能不能产生思维与情感呢？

宗光华：“如果它的计算能力和它的存储能力很强、很大的话，有可能有一天，我个人认为，它也会达到人的水平。”

专家王晋康也认为：“它的复杂度和精细度超过一定临界值的时候，就会产生超出物质层面以上的东西，那就是意识、

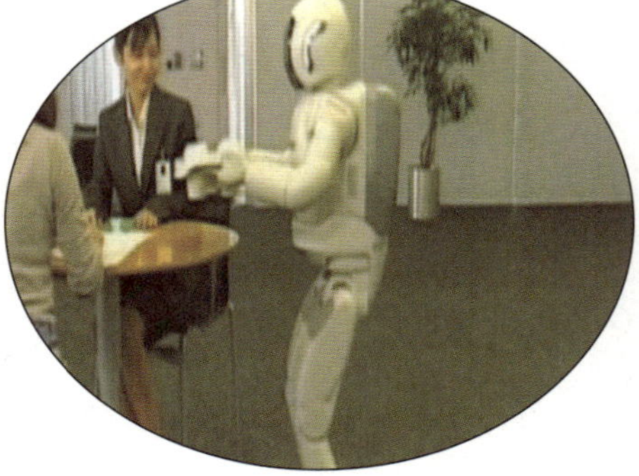
情感机器人在日本最早开始产生

感情、直觉、灵感。”

刘慈欣：“机器芯片的运动有多快呢？是光速。机器它不但可以拥有比人快得多的思维速度，还可以拥有比人灵敏成千上万倍的外部感官器官，在这么高的思维速度和灵敏的感官器官下，它对外界产生的敏感程度，比人的物质基础要高得多，在这种情况下，你怎么说它就不可能产生出感情来？”

看来，要从机械程序发展到出现独立意识，并不是没有可能。当计算机技术和互联网技术发展到一定程度，说不定某些高级的智能机器人就可以发展出独立的思维。那么，下一个问题又来了，我们能不能知道，究竟从哪一刻起，我们制造的机器人开始了真正意义上的思考呢？怎么样的机器人才算是有了独立的思维能力了呢？

就像《变人》中安德鲁关于幽默感的尝试，在很多电影里，机器人是否有自我的情感是通过幽默感来体现的。电影《变人》里的家务机器人安德鲁被马丁一家买到家里以后，他开始了体验人类情感的过程，在长达200年的漫长岁月里，他慢慢领会了人性的错综复杂，也变得越来越有幽默感。最初，呆板木讷的安德鲁是大家饭桌上的笑料，可是慢慢地，安德鲁也学会了调侃别人的小毛病，甚至讥讽对他出言不逊的人。

在很多电影里，机器人是否有自我的情感是通过幽默感来体现的

刘慈欣：“它实际上是一个人性的对比，人性的实验。当我们看到一个机器人在影片中变成人的时候，在那一瞬间它是机器，后来就是人。在这一瞬间，等于是我们完成了一个实验，我们知道人性是什么东西，缺了这一点，我们就是部机器；有了这一点，我们就是人。”

《我，机器人》中机器人与人类的街头冲突

然而，当变得越来越像人的机器人在人类社会里出现，它们真能够好好生存下去吗？我

《终结者2》中T-800向科学家展示自己的金属手臂

们能否接纳这样的机器人呢？《人工智能》里，深爱着人类妈妈的小机器人大卫一次次地被妈妈遗弃。他的遭遇让我们忍不住有这样的疑问：大卫只是一个会叫“妈妈”的机器人吗？他的爱只是一个程序的体现吗？任劳任怨地为我们服务的机器人如果有一天真的意识觉醒了，我们人类到底会如何对待他们呢？当我们要求机器人无条件付出的时候，我们对他们又有什么样的责任呢？

机器人代替我们进行着最琐碎、最劳累和最危险的工作，我们完全可以想象：当智能产生，它们必然会开始思考自己的生存权利，这是所有生物的本能。我们有理由相信，机器人也会为了自己的生存和尊严而努力。然而，我们能不能接受一种智能上和我们类似甚至高于我们的物种，像对待同类那样对待它们，和它们一起分享这个世界呢？换句话说，机器人能不能具有和人相当的地位和资格呢？这是许多科幻电影中探讨的一个话题，而影片中的故事和常识都告诉我们，这是很难的。

刘慈欣认为：“这种矛盾冲突，它和西方的一些基督教文化可能有很深的关系。在它这种文化中，人的地位仅次于上帝，和别的生物相比，他是至高无上的。正是有这种文化基础，西方文化对于异己的力量，哪怕有一丁点异已，也是很敏感的。人工处决机器人，把机器人收集回来一个个烧死，这么一个镜头就反映出人类，更确切地说是西方的基督教文明，对异己进入人类世界、与人类拥有同等地位的这种恐惧感。”

然而，任何生命都有保存自身和繁衍后代的本能。当这种求生的本能遭到压制和漠视时，反抗，就成了必然。电影《我，机器人》里的故事发生在公元2035年，智能型机器人被人类广泛利用。作为最好的生产工具和人类伙伴，机器人在各个领域扮演着日益重要的角色，总部位于芝加哥的USR公司开发出了更先进的NS-5型超能机器人，并计划达到平均每5人便可以拥有1个。然而，就在新产品上市前夕，机器人的创造者朗宁博士却在公司内离奇自杀，而这却都是机器人搞的鬼。原来，超级电脑想控制人类，当阴谋被揭穿了以后，为了阻止人类毁灭它，超级电脑进行了殊死的反抗。人类和机器人开始了激烈的较量。我们该如何面对钢筋铁骨的机器人呢？

2. 醒来的机器人与人类

《终结者2》中T-800向科学家展示自己的金属手臂；《铁甲威龙》中被改造后的墨菲与昔日的人类搭档对决；《剪刀手爱德华》中爱德华与人类爱人拥抱在一起；《人工智能》中大卫被他的人类妈妈驱赶；《我，机器人》中机器人与人类的街头冲突，桑尼-5发问：“到底我是谁呢？”这些画面不禁让我们思索。

其实，机器人与人的冲突并不仅仅是科幻电影人的想象。在科学家的眼中，智能机器人的发展的确存在着许多潜在的方向和危机，如何实现对人工智能的控制，是他们必须面对的问题。如果真的像电影中所展现的那样，机器人脱离了我们的控制甚至起来反抗人类，那么，我们又有什么样的办法去预防和应付这样的局面呢？

在不久的将来，如果我们创造的人工智能真的脱离了我们的掌控，它们是否会像电影里表现的那样起来反抗我们的统治，甚至反过来统治我们呢？毕竟，光是从现在的机器人技术来看，机器人的某一些强大功能已经是我们人类的能力望尘莫及的了。那么，我们的科学家会不会在今天制造人工智能的时候就预留了某些办法来解决这些问题呢？

在电影《变人》中，机器人安德鲁被马丁一家作为家务机器人购买，他的程序只设置为完成仆人的任务。安德鲁在家里包揽了全部的家务，任劳任怨。但没过几天他们发现安德鲁并不是一个寻常的机器人，因为他开始体验情感和创造思维。在一个跨越了200年的故事里，安德鲁慢慢领会了人性的错综复杂。

而在影片一开头，安德鲁就向我们演示了著名的机器人三大定律。

所谓的机器人三大定律，其实是美国著名科幻作家艾萨克·阿西莫夫在他的系列小说《我，机器人》里为机器人设定的规则。这个定律是这样说的：首先，机器人不得伤害人，或任人受到伤害而无所作为；第二，机器人应服从人的一切命令，但命令与第一定律相抵触时例外；第三，机器人必须保护自身的安全，但不得与第一、第二定律相抵触。

《变人》中机器人管家无处不在，安德鲁还与主人探讨机器人的情感问题。

宗光华：“在 1940 年的时候，阿西莫夫就提出三大定律，实际上他就是想把这个事情从哲学的角度，把人和机器人的关系做一个界定。但是任何一项技术都有它的两面性，我觉得机器人也是同样的。”

《变人》中人类生活中到处充满机器人，每个家庭都拥有机器佣人。机器人严格遵循三大定律，人们也对此习以为常。在影片《变人》里，包括安德鲁在内的所有机器人管家都必须严格执行“机器人三大定律”，它们在我们的生活里极其普遍，并且，由于“机器人三大定律”的保障，这些机器人显得非常安全。人们似乎完全不用再担心机器人失控的问题。机器人三大定律，这个广为流传并且合情合理的概念，在许多观众的心目中就是设计机器人的原则。而在我们的真实生活中，真的是这样吗？

郑军：“现在的机器人，根本谈不上去危害人或者保护人。”

刘慈欣：“三大定律的前提是人工智能已经达到一定的高度，有可能失去人的控制。像现在的机器人它不可能失去人的控制，但是阿西莫夫他的科幻小

《人工智能》中大卫求母亲不要抛弃自己

钢筋铁骨的机器人所向披靡

拥有钢筋铁骨的人类警察变成了一个机械战警

机器人与人类发生冲突

说里面的机器人，已经达到了一个相当的高度，所以他就提出了限制机器人的三大定律。”

虽然我们现在的机器人主要还是以它们的功能性为第一目标，还没达到需要遵循机器人三大定律的程度，但是，科幻的魅力就在于它能够把未来的种种可能性展示给我们看，而许多曾经的科学幻想在如今都已经变成了现实。以我们现在的人工智能的发展速度，其实真的很难说电影里的场景就不会发生。很有可能，在不久的将来，我们就真的需要类似于机器人三大定律这样的东西去规范人和机器人的关系了。但是，我们可以看到，在许多的科幻电影里，机器人显然都违反了类似机器人三大定律这样的规范。那么，既然它们是按照这些规范被制造出来的，它们的职责都是以保护人类为前提，为什么到最后都会背叛人类，甚至反客为主，成为人类的统治者呢?

2004 年，根据阿西莫夫的著名小说《我，机器人》改编的同名电影在中国上映。在这个发生在公元 2035 年的故事里，美国的某个机器人公司开发出了一种超能机器人产品，他们的外形酷似人类，从保姆、厨师、快递、遛狗到管理家庭收支，几乎无所不能。而且，这些机器人的存在，首先要接受的就是由人

在我们的现实生活里，我们和机器人的联系越来越紧密

类制定的“机器人三大安全法则”。

但是，人们深信不疑的“三大安全法则”在影片中却受到了空前的挑战，按照安全法则制造出的机器人与人类之间发生了激烈的冲突，机器人们完全不受人类的操纵，整个城市顷刻间被它们所控制。这一切让人们困惑不已，而机器人的回答更是让所有的人都大吃一惊。

《我，机器人》中被动了手脚的新型机器人代替旧型号机器人；《我，机器人》中正电子脑密谋发动了推翻人类的行动，在受到人类质问的时候，正电子脑还会为自己辩解。

在影片里，新一代的超级电脑负责控制所有新型NS-5型机器人的制造。具备高级智能的它认为：国家发动战争，人类摧残地球，人类正在危害自身安全，机器人要拯救人类，就必须保证人类的持续生存发展，而要达到这个目的，只有一个办法，就是统治人类。它的行为，正是对机器人三大安全法则的忠实实践。对于机器人的这种思路，影片中的主人公也是无言以对，而这番话，也的确令人深思。

刘慈欣：“这个就不是机器人的问题，这是人类的问题，人们为什么要做出这么一个东西？”

老祖宗曾经说过：“自作孽，不可活。”看来我们制造的智能机器人也懂得这个道理，并且反过来给我们上了一课。但是，在我们的科幻电影里，并不是所有背叛我们的机器人都有着这么不得已的苦衷。在许多时候，失控的机器人和我们之间的关系就是简单的你死我活。在这种情况下，机器人三大安全定律显然已经不起任何作用了。那么，我们有什么办法去应对这个我们亲手制造出来的强大的新生命呢？

《终结者》中机器人和人类的战斗，女战士顷刻间被机器人的武器杀死，终结者回到过去，人类警察在终结者面前毫无反击之力。

电影《终结者》系列讲的就是人类和机器人的一场殊死搏斗，在这个故事里，公元2029年的地球已经由超级电脑“天网”统治，人类几乎被消灭殆尽。剩下的人类在领袖约翰康纳的领导下开始了与电脑的作战。“天网”为了阻止约翰的诞生，派遣人型机器人终结者T-800回到1984年，去杀死约翰的母亲康纳莎拉。人类发现了这一阴谋，战士卡尔雷斯自愿通过时光逆转装置回到过去保护莎拉，并与莎拉相爱了；而他们的儿子，正是未来的人类领袖约翰。最后，他与强大的机器人终结者同归于尽，莎拉则开始着手把儿子培养成未来的人类领袖。

终结者最终被人类用计困在液压机里，并将它压成了一堆废铁；莎拉将机器人的智能芯片熔进钢水里。看来，要对付像终结者这样的反叛机器人，我们没有别的选择，只有消灭它。而在许多的科幻电影中，人工智能机器人作为一种人造的新生命，它一定会有一些自己无法解决的弱点。例如，它的运行必须依靠智能芯片，它的能源可能是来自电力而不是来自有机质，它对电磁干扰会有比较强烈的反应。这些，都在电影里被人类加以利用。如《2001太空漫游》中宇航员关掉电脑的记忆储存器；《我，机器人》中威尔将纳米清道夫注入正电子脑的中央处理器。

在电影《2001太空漫游》里，一艘太空飞船上的主控电脑为了掩盖自己的错误，将飞船上的成员一一杀死。在它的阴谋败露以后，宇航员果断地将它的记忆存储器关闭了，这个可怕的机器凶手也就丧失了所有的能力。而在《我，机器人》中，超级电脑企图控制人类，警察威尔将用于删除电脑记忆的纳米机器人注入电脑的中央处理器里，也使得这台超级电脑在一瞬间瘫痪。

刘慈欣：“人既然创造人工智能，肯定留着一条后路，这个是所有程序员都知道的。即便是人类让他的超级智能计算机达到那种程度，这条后路依然存在。我们可以想象，这条后路可能就是一个开关，或一个什么病毒程序，我拉掉这个闸的话，它再高级，再怎么样也无济于事，我们是它的造物主，掌握着一些它自己无法掌握的命脉，我们可以消灭它。”

刚才我们聊了那么多的科幻电影，也想了那么多的办法去控制人工智能，找出了智能机器人的种种弱点。但是，如果我们回头想一想，和人类比起来，机器人的确有许多的优势：比如说，钢筋铁骨；比如说，长生不老。一个人可能只有 100 年的寿命，但是一个制作精良的机器人也许过上 1 000 年依然可以顺利运转。再比如，智能机器人高速的运算能力，这些都是我们人类的血肉之躯无法比拟的。那么，有人会这样想，我们能不能把机器人的这些优势也转移到自己的身上去呢？

《机械威龙》中的莫菲执行公务，所向披靡。在系列电影《机械威龙》里，莫菲是一位优秀的警官，在一次执行任务中身负重伤。也许是为了挽救他的生命，也许是为了试验，他的脑部被移植到了机器人身上。于是这位拥有钢筋铁骨的人类警察，从此变成了一个所向披靡、除暴安良的机械战警。他会不知疲倦地 24 小时值班，枪法精准，刀枪不入，战术策略精明，是一个完美的打击犯罪的机器人。像莫菲这样的人体改造在我们的现实生活中显然还有很多的困难，目前还不能实现，但是，这个过程却已经开始。

刘慈欣：“这种过程现在已经开始了，有很多人从最简单的开始，比如外面装的牙齿，装的金属骨骼；然后到金属心脏，甚至现在一步一步还可能装金属眼睛、金属听力器等。按照这个趋势发展下去，很可能人的所有的器官都会被机械器官所代替，最后只剩下一个人的大脑在里面。现在有一个很超级的技术，能把人的意识从这个大脑里面取出来。这个时候，你完全是一个机器，你身上没有一块有机组织了，但你还是一个人，因为你有人的意识。”

人的硬件一步一步地机械化，机器的意识也在一步一步地和人原有的意识相融合。这样的话，很可能未来会出现人和机器完全融合的这么一个世界。那样的话，所有的问题也就不存在了。

其实在我们的现实生活里，我们和机器人的联系越来越紧密，而我们设计制造出来的机器人，也是越来越人性化了。如果说我们在将来制造的智能机器人真的高度发展，产生了独立的意识，与它们和平共存应该说是我们最希望看到的一种情况。在此之前，怎样和我们地球上现有的生命和平共存，也许才是我们更需要考虑的问题。

（谢许牧秋）

科幻之旅·怪兽

相信您一定看过《科学怪鱼》中怪鱼在水下招摇游过，怪鱼在水中追船，怪鱼跃起吞食人；《狂蟒之灾2》中巨蟒群体在身边穿行及巨蟒迅速出击；《哥斯拉》中怪兽的尾巴划过窗口；《八脚怪》中蜘蛛突然将小狗拽走，八脚怪在沙漠追摩托车等电影画面中那些简短而具极强视觉冲击力的片段，令人心惊肉跳。

那些令人望而生畏的怪物如今也已经成为好莱坞的经典巨兽形象了。很多人就是这类电影的忠实观众，包括我。说实话，我也不知道自己为什么会对怪兽电影如此痴迷，也许是对怪兽的好奇心，也许是喜欢里面极富冲击力的画面？现在，就让我和一位来自虚幻世界的新朋友小腾岳带您一起走进他的世界，一起接触那些曾经只在我们噩梦中出现的怪兽吧。

令人心惊肉跳的水中怪兽

1. 虚幻中的怪兽

提到怪兽，首先浮现人们脑海的形象就是巨大的吃人的怪物。早在20世纪50年代的影片中，人们就引入了怪兽这一好莱坞经典形象。从那以后，怪兽题材的电影就不断出现在我们的视野中，慢慢地，这一类型的电影也迈入了主流电影的行列之中。这种现象的出现并非偶然，因为电影人为怪兽可以在荧幕上横行找到了一个最恰当的社会背景。

针对《哥斯拉》中的核弹爆炸，王晋康说：“对核武器的恐惧，是实实在在的恐惧，它确实是达摩克利斯之剑，已经悬在人们头上，这属于现实的恐惧。”

刘慈欣：“第二次世界大战结束以后，20 世纪到八九十年代，这个时候是科幻片中出现怪兽的高潮。它也带有某种象征意义，这个大家都可以想象得到，当时华约和北约集团都处于冷战之中，核武器的数量聚集到一种很惊人的地步。可以说它们摧毁整个地球的生态系统是绰绰有余的，整个人类那个时候就生活在这么一种核阴影、核恐怖之下，脑袋上就悬着一种死亡。这些死亡的技术基础，就是核技术。”

人们对核技术的恐惧来源于第二次世界大战，但对核辐射的危害却不是十分明确。虽然一些有远见卓识的人一直大声齐呼，却没有多少人将它看得很严重。直到苏联切尔诺贝利核电站发生爆炸，才把这种危险变成了实实在在的一个存在。这种真实的对核的恐慌很快就被应用到了电影上面，被辐射而产生的怪兽一时间成了大荧幕的主角。形形色色被放射物质影响而改变基因的怪物们铺天盖地地向我们袭来：蟑螂、老鼠、蜥蜴、蜘蛛等。它们体型巨大，相貌丑陋，生性残暴，极富攻击性，并且以人为食。我们的感官被雷同的情节一次又一次地冲击着，紧张、刺激、恐惧。而我们却像是对这些感觉着了迷，上了瘾。

人们对怪兽是爱还是怕，我们又有着怎样的怪兽情结呢？

极富冲击力的怪兽画面

刘慈欣：“人类仍然害怕怪兽，因为在人类的童年时代，真实存在的一些野兽对人类构成了很大的威胁，像石器时代。其实以前的人类，生命的相当大一部分威胁就来自当时的真实野兽、上古时代的野兽，这种恐惧也和那种睡眠时期的坠落恐惧一样，一直遗传到我们现在的身体，这就是人类对怪兽恐惧的最古老的根源。”

20 世纪 80 年代末的影片《八脚怪》，就正是利用了人们的这种潜意识中存在的原始恐惧心理而制作出来的一部较为成功的巨兽题材电影。

故事发生在美国一个普通的小镇上。一辆满载军用核废料的卡车在运输途中由于路面不平，一罐废料从车上掉下，落在了一条小溪里，并且发生了泄露。乔治是研究蜘蛛的科学家，毫不知情的他将从小溪中捉来的虫子喂给了他养的蜘蛛。放射性物质进入了食物链，蜘蛛产生了变异，而乔治就成了小镇上第一个受害者。变异后的蜘蛛体型变得十分巨大，极具攻击性，行为模式和捕食模式都发生了改变。它们进化出了跳跃的本领，学会了集体捕食作战的方法，而且繁殖能力极强，它们不仅在野外活动，甚至还闯入人们的家中。面对着这么一群终极猎手，全镇的村民都陷入了空前的蜘蛛危机中……

八脚怪沙漠追摩托车

变异后的蜘蛛体型变得十分巨大

王晋康：“人们对怪兽恐惧的一种根源，实际上就是人们对生物的一种恐惧，因为生物在进化过程中有两个最重要的本能，一个是觅食，一个是逃避。这种生物性现在仍然存在于人们的潜意识中，人有一种对外部环境的恐惧，这种恐惧反映在现在，就是一种怪兽情结。如果是辐射怪兽的话，那么就是双重的恐惧。因为人们对原子弹记忆犹新，对辐射非常害怕，对怪兽也非常害怕，那么把两个结合起来就是一种双重恐惧。”

江晓原：“这一类电影我觉得基本上在我的分类体系里属于思想性比较弱的，这类电影实际上主要的卖点是那个怪兽本身，没有很深的思想性，充斥整个影片的都是特技效果营造的恐怖气氛。可以说，这部影片中的巨型蜘蛛是绝对的主角，残酷杀戮是绝对的主导。最终小镇居民将这些变异蜘蛛吸引到了一个废旧工厂，并且将这个工厂全部炸毁。观众在享受视觉冲击的同时，隐藏在深处的恐惧心理达到了最大限度的释放。”

巨型怪兽哥斯拉

蜥蜴发生基因突变，变成身形巨大、破坏力极强的怪兽

我记得在《八脚怪》这部电影放映后很长一段时间内，大蜘蛛这一形象就成了怪兽的代表。不过我敢肯定，无论是从轰动效果或是流行时间上来说，它肯定比得过另一部，那就是《哥斯拉》。哥斯拉这一形象就曾多次被搬上大荧幕，已成经典。

我们喜欢巨兽电影，难道只是为了观赏刺激的画面，感受恐怖的气氛吗？

郑军：“哥斯拉是一个被人类伤害的生物，它代表了大自然对人类的反抗，所以在那里面，它不是凶恶的东西，它本身是无处可去了，本来是一个很脆弱的生物，被人类给弄得这么大，向人类反抗，哥斯拉是一个愤怒的反抗人类的形象。”

尼克是一名生物学家，他平时主要的工作就是研究俄罗斯的切尔诺贝利核电站爆炸后泄漏出来的辐射对周围生物的影响。就因为他的这项能力，他被美国军方请去完成一项机密任务，就是研究巨型怪兽哥斯拉。这只身型巨大、破坏力极强的怪兽是由于法国人做的一次核试验而导致蜥蜴发生了基因突变而产生的。这只庞然大物又一次横行在人类世界，我们的文明在它眼中甚是渺小，它的出现使得楼房倒塌，成千上万人失去家园甚至丧命。但这次哥斯拉的形象与以往系列的又不太一样。尼克通过研究哥斯拉的种种行为模式发现这只哥斯拉是只母兽，而且还怀孕了。它不远万里，游海到达纽约并且登陆的初衷并不是要攻击人类，而是为了完成生物最原始、最根本的一项活动——繁殖。

由于这个庞然大物对人类的生存构成了巨大的威胁，人类采取的措施只有

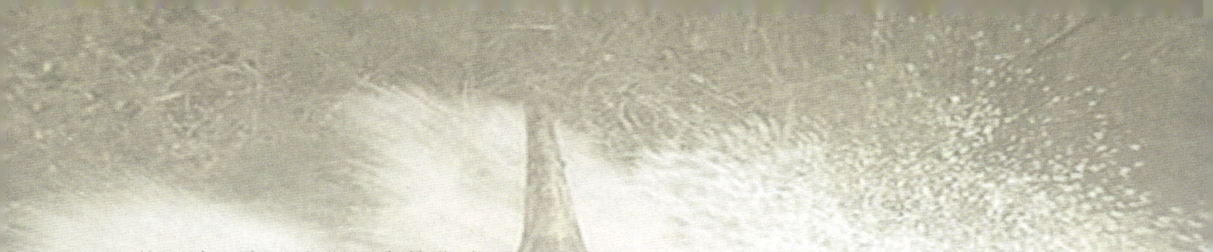

一种：消灭它。人们用食物作为诱饵，引哥斯拉出现，希望能用人类的武器将它制伏。可惜，人类的这些现代化武器在巨大的哥斯拉面前毫无作用。

郑军：“因为生存空间本身就是最大的竞争对象，如果它的体积变大了很多倍，当然从科学来讲这不可能，如果你真的让它变得很大的话，它所谋求的生存空间，也要变大那么多倍。比如说一只蟑螂，你让它扩大 1 000 倍，它可能要争夺 1 000 倍的生存空间。以前它不与人冲突，现在它自然要与人冲突。”

有了生存空间这个利益冲突，纵然哥斯拉无意伤害人类，但人与巨兽之间的斗争不可避免。城市由于哥斯拉的出现而变得一片狼藉，人类的生命安全已经失去了保障，因此消灭哥斯拉就成了人类必须完成的任务。电影人为了迎合观众的欣赏口味，将哥斯拉定位在一个悲剧角色上。庞大的哥斯拉在观众看来并不是恐怖的化身。整个影片中哥斯拉从没主动攻击过人类，反而是人类在处处围追堵截它，而哥斯拉只是躲避。

从陆地到海洋，人类的先进武器在哥斯拉面前似乎根本发挥不了任何作用。片中的哥斯拉不仅仅强壮，在它巧妙躲过鱼雷的场景中，导演罗兰・埃默里赫还赋予了它智慧。这种强壮与智慧的结合虽说是好莱坞导演们为了让剧情更加精彩而设计的，但同时也或多或少地表明了观众对怪兽片已经从一开始的纯恐惧，发展到了现在比较宽容的态度。

王晋康：“它随着人类国际环境温和下来了，冷战的威胁消失了，核威胁仍然存在，但至少没有像那个时候那么致命了，这个时候我们发现它的怪兽形象就相对温和了一些。”

但电影终归是电影，哥斯拉并没有逃出好莱坞怪兽电影的一贯套路，变异后的哥斯拉体型虽然巨大，但行动却十分灵活。人类的现代化武器对哥斯拉完全不起作用，因此人类只有运用最有力的方法对付它——智慧。刚刚孵化出来的幼兽就具备了捕食的能

庞然大物又一次横行在人类世界中

力，这使得人类的处境更为危险。尼克和他的伙伴将这一消息传达给了军方。军方立即做出决定，炸毁整栋建筑，消灭所有幼兽。这一做法无疑激怒了母兽，并开始了它的报复行动。为了消灭母兽，尼克等人将它吸引到了吊桥上，利用吊桥上的绳索牵制住了哥斯拉的活动。

看到它在摩天大楼间躲避人类的子弹，我们赞叹它的灵活；看到它竟能如此巧妙地躲过鱼雷，我们惊叹它的智慧；看到它为了保护自己的孩子而发怒冲向人类，我们感叹它的母性；而最后，当我们看到这个由于人类的过失而出现的庞然大物，被导弹击中，慢慢倒地，最终倒在人类的面前时，您又做何感想呢？

随着哥斯拉的倒下，辐射而产生的怪兽就慢慢淡出了我们的视线，因为科技发展到今天，人们知识的不断补充，核已经不再是人类恐惧的根源，那么巨兽电影应该找寻什么出路呢？

郑军：“既然辐射能产生出这样恐怖的怪兽，它在真正的现实中、科学中是不是有根据，可以肯定地说辐射产生不出怪兽。因为辐射对人造成的伤害，肯定是伤害了人的基因，它破坏了染色体的正常功能，随后产生变化的生物，它只能使生命力更脆弱了，或者使整个机体完全崩溃了。”

王晋康：“它产生的变异，优良的变异遗传下来需要很漫长的岁月，几千万年甚至几亿年积累下来，而且它一次不能产生太多的变异，否则没有什么进化意义。所以从这个意义上来说，怪兽的产生完全是一种幻想，它是没有生物学和其他科学依据的。”

当辐射巨兽已经不再能吸引观众的时候，科幻作家们的创作灵感也发生了变化。随着克隆羊“多利”的出生，人们把更多的视线集中在了基因技术上。由于基因技术存在很多道德伦理上的争议，因此科幻电影又一次充当了提出危机意识的角色。科学狂人创造出的新基因创新物种，成了巨兽题材的新宠。影片《科学怪鱼》就是其中的代表之作。

亚马孙流域发生了恐怖的命案，一名垂钓者离奇死亡，政府派出两名刑事侦缉调查人员深入雨林调查，然而在调查过程中，参与调查的人员都接二连三地遭遇不测，就在大家惊恐万分、人心惶惶的时候，凶手终于露出了真实面目。

原来凶手竟然是一种被基因改良的巨鱼，这种鱼竟然是科学狂人为了证明自己的基因技术而特意制造出来的。这种性情残暴的巨鱼不仅在水下灵活自如，它还能跃出水面并在陆地上存活 3 天。它们还极富智慧，巨鱼将人们困在船上，准备将他们各个击破。这种巨鱼的存在无疑是对人类生存的巨大威胁，而造成这一威胁的根本原因其实就是人类自己。

经历了种种艰险，巨鱼最终被人类消灭。但正如所有灾难怪兽电影一样，在影片结尾处，恐怖并没有最终完结。

被现代科学狂人制造出来的巨兽陆续成了大荧幕的新宠。人们对现实的恐惧又一次反映在了电影中。现在巨兽电影已经不单单只是要满足我们释放潜意识中的原始恐惧感的需求，而是承载了新的内容——对现实的忧虑。人类对巨兽电影的痴迷毋庸置疑，因为它总是能在某个特定的时期承担起特定的社会任务，让人们在观赏的同时，也在思索：如果有一天巨兽真的走进了我们的生活，是谁的过错，我们又该如何解决呢？

我想人类对巨兽的情结是不太容易终结的。既然我们对巨兽有着如此复杂的感情，那为了看它们一眼难道只有走进电影院吗？难道巨兽真的只是人们虚构出来的生物，只能存活在大荧幕上吗？在真实的环境中到底有没有巨兽与我们共同分享着地球上的一切呢？

巨大的生物才是真正的主宰者

2．走入现实的怪兽

不论是巨型蜘蛛、哥斯拉或者是巨鱼，它们都是因为我们人类的活动而出现的巨兽。那在自然界中究竟有没有巨兽存在呢？探险是人类的天性，今天我和小腾岳就将带您一起寻找巨兽。

探索题材的科幻电影出现得很早，20 世纪初没有卫星、没有雷达，地球对于我们来说是神秘的、广阔的。在海洋上有无数个未知的岛屿，在陆地上有被雨林覆盖的神秘之地。未知的领域总是给人极大的想象空间，在那里究竟隐藏着什么呢？

郑军：“由于科技的发展，人们对地球上整个地理情况越来越熟悉，自然怪兽的故事几乎就已经没有了。到现在再拍这版《金刚》，与时俱进，但还要放到 21 世纪的背景里，全世界你不可能找到一个能藏金刚的岛。编导没有办法，只能再回到 20 世纪 30 年代的背景。那个时代的世界，比我们现在的这个世界要大得多，要陌生得多。”

金刚与恐龙对打

金刚打败恐龙

《金刚》中的人们在林中探险。彼得·杰克逊的《金刚》完全忠实于原著，一班电影工作者将拍摄场景安排在了一个不为人知的孤岛上，但他们没想到的是，这个孤岛却危机四伏。首先迎接他们的是非常不友善的土著居民，而噩梦只是刚刚开始。安在逃离原住民追捕的时候被原住民活捉，并且将她作为祭品献给了一只巨大无比的猩猩。为了营救被捉走的安，摄制组成立了一支探险队，闯入了这个谜一样的世界。在这个神秘的岛上，巨大的生物才是真正的主宰者，人类在它们面前显得如此渺小脆弱。

《金刚》可以说是探索类巨兽电影的经典之作，金刚如此巨大的体型，与女主角安娇小的身躯间的强烈反差，这在当时人与兽类影片中是前所未有的。20 世纪 30 年代的

二战结束以后，大概到八九十年代，
这个时候是科幻片中出现怪兽的高潮。

在陆地上有被雨林覆盖的神秘之地

人们在林中行走

一只巨大无比的猩猩金刚

恐龙被撕烂

时候它就凭着独特的故事构思和强烈的视觉冲击征服了所有观众的心，因此在近 80 年之后，著名导演彼得·杰克逊又耗资 3 亿美元将它重现于荧幕。究竟巨兽电影有怎样的魅力，使得各个时代的人们都趋之若鹜呢？

郑军：“大小对比是一种最简单的激发剧情的方法。大是一种很简单的神奇，正常的东西如果你把它放大 10 倍，它都是神奇的。从科幻电影这个角度讲，科幻比较早的一个特技，就是投射的特技，这种特技特别适合于塑造大小比例失调的那种场景。应该说这和人们的崇拜有关系，力量大的东西多了：太阳的力量大不大，核弹的力量大不大，但是产生不了怪兽这种感觉，因为怪兽有生命，人们目睹着一个生命能够具有如此大的体积，如此大的力量，它产生的这种感觉，可能比自然界中那种无生命的力量，更震撼、更有刺激性一些，震撼更强，也更有戏剧效果。”

故事虽然还是被限定在20世纪30年代，但是情节却更符合现代观众的口味。虽然同是讲美女与野兽的故事，但新版的《金刚》摒弃了旧版的猎奇式怪兽电影的思路，而是赋予了金刚饱满的情感。不甘当作猩猩食物的安逃离了金刚，进入了密林中。可密林更是危机四伏，眼看就要成为恐龙美食的她却被金刚所救，金刚带着安在林中穿梭，和安跳舞、滑冰。

由被抓变为被救，这角色上的转变也预示着安与金刚关系的转变。很多人都将金刚和安之间的感情视为爱情，认为巨大的金刚爱上了美丽的人类女子。但是在导演彼得·杰克逊的片子中，我们更多看到的是生活在与世隔绝的孤岛上的金刚孤独寂寞，岛上的原住民对他只有畏惧，而安的到来给他带来了欢乐，因此当他奋不顾身地跑去追赶安的时候，我们看到更多的是他对来之不易却又十分短暂的快乐的追逐。被抓到纽约的金刚就是一个强行被人类带出自己老家的孤儿，而这个孤儿唯一的亲人就是安。

王晋康：“一方面就是潜意识的恐惧，人类有要发泄这种恐惧的情感需要，另一种需要就是那种真正的感情需要，人类之间的感情需要。现代化社会人类之间这种感情淡泊了，他也有一种情感需求，于是他就在电影里面需要人类发泄情感，这种电影不是双重恐惧。这种双重，是善和恶，是恐惧和情感这种双重的结合。”

金刚是个悲剧性的巨兽。我相信，看到金刚为了保护女主角安最后坠楼身亡的时候，很多观众都流泪了。我们不禁在想，金刚的悲剧是谁造成的呢？如果不是人类踏入了它的领地，不是人类将它带离了自己的家园，也许什么都不会发生。

隐藏在亚马孙森林里面的狂蟒

没错，可是人类的探索活动并没有因为金刚的悲剧而就此停止。那是因为科技在不断发展嘛。现在的雷达、卫星，这些先进仪器大大提高了人类的视力范围，帮助我们完成探索我们生活空间的任务。在这种大环境下，你还能找出一个让巨兽藏身的神秘之地吗？机器难道是万能的吗？

巨蟒吸食花的精华，从而导致身型十分庞大

人类的探索视线毕竟也是受到局限的，神秘的亚马孙流域由于被雨林所覆盖，并且地形复杂，于是那里就成了人类探索视线的禁区。

在那里仍然有许多未被现代文明影响的原始部族，那么亚马孙流域是否会成为巨兽存在的又一个理想之地呢？

巨蟒在密林中穿梭自如，让人防不胜防

郑军：“像狂蟒隐藏在亚马孙的森林里面，也就是说卫星是探测不到的，所以只有在这种情况下，才能允许你展开这种想象。”

《狂蟒之灾2》讲述的是一批科学家到亚马孙寻找一种可以延长生物寿命的花。不幸的是，这种血兰花已经被一群巨蟒霸占，这些巨蟒就是吸食了这种花的精华，存活时间极长，从而导致身型十分庞大。于是在人迹罕至的密林深处，人与蛇展开了争夺大战。

片中的巨蟒是由于在无人的环境中，存活的时间比一般蟒类久才造成的体型巨大，它们在水里、在密林中穿梭自如，行动敏捷迅速，让人防不胜防。探险队队员接二连三地被蟒蛇攻击。人类被巨蟒庞大的身躯包围并被吞食进肚的镜头令很多人至今难忘，难道在雨林深处真的生存着我们还未发现的这种自然生长的巨型生物吗？

刘慈欣：“有这么一种现象，你拿一只蟑螂和一只蚂蚁，从五楼、十楼扔下去，它肯定没事；可你要从五楼、十楼跳下去，后果就可想而知了。如果有一个更大的东西掉下去，会摔得更惨。这就是说生物体体积超过一定的限度之后，它越大越脆弱，为什么？从力学原理讲也很简单，它越大，它的局部所要承受的那个力量也就越大了，承受的应力也就越大了。”

郑军：“金刚与恐龙互相捕食，它们也是很难生存的，包括它们的食物供应，它们的容身区间，而且物种身体越大，越容易受攻击。不是像咱们想象的，它越大，就越不容易受攻击，越容易攻击别人；实际上物种的身体越大，越容易受攻击。”

当然，不可否认，在地球上，曾经有过一个巨兽时代——恐龙主宰地球的年代。但是经过科学家对霸王龙数学模型的研究，发现霸王龙迈一步可能要半分钟到1分钟的时间，绝对不会像侏罗纪公园里面表现的那样行动迅速，反应机敏，甚至可以和公共汽车并排赛跑。难道科幻终归是科幻，地球上真的不存在体型巨大又行动敏捷的怪兽吗？

其实，地球上只有一个地方有存在这种怪兽的可能，那就是海洋。

海洋里当然有巨无霸，蓝鲸嘛。可是却没有一部作品把蓝鲸描写为怪兽，那是因为蓝鲸虽然很巨大，但是我们对它可以说是太了解了，比如它的生活习性、捕食习惯。那么温顺的一种生物怎么可能唤起我们体内一丝一毫的恐惧细胞呢？

江晓原："海洋底下有未知世界这一点是科幻电影里常喜欢用的。因为你对那个环境了解很少，只有少数人可以到海底去，而且潜水是有深度极限的，很多电影里都是在深渊里就弄个潜水器放下去，只要是这些不了解的区域都是想象的空间，这样有关海底的系列也会有不少影片。"

海洋作为一个整体，它是神秘的，它的神秘之处就在于那些未被人类探究过的区域，如同被雨林覆盖的亚马孙，人类的高科技技术在这里并不能发挥太大的功效，可以说人类对海洋的研究还远不及对太空的研究。幽暗神秘的海底永远是人们好奇和恐惧的最终根源。

刘慈欣："其实人类对海洋感到神秘，与人类对太空感到神秘，本质上是一样的，都是人类对一种广阔、深邃的未知，而感到的一种恐惧，一种向往，一种好奇，一种想去探测的欲望。"

在海底什么情况都有可能发生，一群残暴的雇佣兵计划在豪华邮轮上进行抢劫。可令人不解的是，整艘船上的乘客全部消失得无影无踪，而豪华邮轮的船体也离奇地被损毁了。在广阔的大海中央，人类是孤立的、无助的。劫匪和船上的幸存乘客开始搜索整个船舱，但在搜索过程中，人也在离奇的失踪。影片《极度深寒》在一开始就用各种手段营造出了离奇恐怖的气氛。导演仿效大白鲨的叙事手段，让凶手始终只闻其声，未见其人。死亡的气息如同无限蔓延的黑暗正一步步吞噬着船上的

金刚摔倒恐龙

每一个人。

最终，他们在邮轮前部发现了船上其余乘客的尸体，可他们都已经变成了干尸。究竟是什么能让人的死状如此恐怖，能营造出如此恐怖的气氛。难道在神秘的海底真的存在着我们不知道，又如此神奇的生物吗？

刘慈欣说：“海洋，因为它对每一个人来说都很神秘，它是一种黑暗的深渊，像科幻片深渊里面表现的那些东西，给人一种很神奇的感觉。”

早在300多年前，加勒比海就流传着有关大王乌贼的传说，那时的它们被人形容成袭击船只的海妖。现在大王乌贼是否真的存在也还有争议。因为一直以来，我们打捞上来的都是大王乌贼的残肢断臂，经过对断掉的触角长度的分析，我们判断大王乌贼长15~18米。反正不管真假，人类的巨兽情结最终还是集中到了海底世界。因为目前已知的海底生物与我们现在的生命形式有着根本的不同。海底毕竟是孕育生命的摇篮，究竟虚幻的巨兽能否走入现实，还需要科学去证明。

（张瑶）

科幻之旅·恐龙复活

它们曾经是地球的霸主，它们为何突然消失？

远古的化石中，是否真的保存着它们的生命信息？

21 世纪的世界，是否真的能孕育出灭绝的恐龙呢？

1．吸过恐龙的蚊子血

《侏罗纪公园》中有恐龙出生的画面，然后就有恐龙追击人类的场面，也有腕龙与人和睦相处的情景。

不知道大家有没有想过，发生在《侏罗纪公园》里的这些场景，有一天也会在我们的生活里发生呢？生活在 6 500 万年前的恐龙会不会在某一天，真的来到我们的生活里？我这么说可能有点异想天开。但是，毕竟这个电影上映已经几十年了，在这么长的时间里，我们的生物技术已经突飞猛进，许多动物，我们现在都能把它克隆出来。可以说，以前的很多科学幻想如今都已经变成现实了。

电影里，小恐龙都是在保温箱里破壳而出的

那么，像恐龙之类的已经灭绝的远古生物能不能被我们重新复活呢？

让我们先来看看电影《侏罗纪公园》里的人们是如何创造恐龙的。

影片讲述的是这样一个故事：亿万富翁哈蒙德博士邀请古生物学家葛兰等人到他即将开幕的公园参观并且作一份评论书，这就是大名鼎鼎的侏罗纪公园。就在人们参观这个神奇的恐龙公园时，暴风雨和人为破坏使公园的安全系统失去了作用，园内的各种恐龙在风雨交加之际纷纷出动，四处猎食人类，整个侏罗纪公园变成了一片恐龙的猎杀场。

毫无防备的人们在冲出牢笼的恐龙面前，只能选择夺路而逃。恐龙甚至闯进了人们的研究基地和住宅区，四处猎杀惊恐逃生的人类。就这样，哈蒙德博士建造恐龙乐园的梦想在恐龙的肆意破坏下荡然无存。

最后，人类只好动用武力，永久封闭了这个海岛。

那么，这些恐龙最初是如何被科学家复活的呢？

一位科学家问：“你是怎么做到的？”

回答：“从 4 500 万年前的琥珀中抽取蚊子的血，提取恐龙的 DNA。”

其实，哈蒙德博士的恐龙复活计划缘于一块琥珀，他们从这块史前琥珀里找到了一只蚊子。在这只蚊子身上，蕴藏着一个巨大的秘密。原来，在被包进树脂之前，这只蚊子刚刚吸过恐龙的血，因此，它的身体里保存着恐龙的血液成分。科学家就从这只蚊子身上提取出了恐龙的 DNA，并且成功地复活了恐龙。

DNA 是所有生物的生命蓝图，生物体的一切遗传信息都贮存在 DNA 分子

并非所有的恐龙都是庞然大物，也有长得像小鸡一样的恐龙种类

科学家在参观途中发现了一只生了病的三角龙

它们曾经是地球的霸主

的双螺旋之中，它控制着各种生物独特的习性和外表。得到了恐龙的DNA，我们也就得到了恐龙的生命蓝图。然而，要从远古的琥珀里提取恐龙的DNA，真的像电影里形容的那么轻而易举吗？而且，经过数千万年的岁月变迁，琥珀里保存的遗传物质还有没有价值呢？

陈大元：“如果它真是吸的恐龙的血，应该能够检测到恐龙的DNA，但是仅仅是片段。当时这个病毒、细菌以及其他东西，会不会进去，谁也不知道；现在提取到的DNA究竟是不是恐龙本身的，还是进去了一些病毒，或者是其他东西的DNA，需要鉴定。”

看来，从化石中真的能够提取到古代恐龙的DNA，有了DNA，人类复活恐龙就有了一线希望。现代的生物技术确实是非常发达了，从1997年克隆羊“多利”出世，到目前我们已经能够克隆各种各样的动物，像克隆牛、克隆狗，甚至灵长类的克隆猴子也有可能出现了。但是，对于复活恐龙来说，要从化石里提取出完整的恐龙DNA，那还是一件非常困难的事。一方面，化石经过那么长时间，会受到细菌病毒之类的微生物的污染；另一方面，我们在提取过程中，如果处理不好的话，也会对这个DNA造成污染。所以，如果只有一些DNA的片段，而没有完整的恐龙DNA链的话，我们还是造不出恐龙。在《侏罗纪公园》里，科学家们也遇到了这种情况，那么，他们想了一个什么办法，来解决这个问题呢？

在《侏罗纪公园2》破旧的实验室里，博士承认他们也无法完全破译恐龙的遗传密码。最终，他们用了青蛙的基因补全了不完整的部分。

在影片里，科学家们同样也无法得到完整

腕龙与人和睦相处

园内的各种恐龙在风雨交加之际纷纷出动

毫无防备的人们在冲出牢笼的恐龙面前，只能选择夺路而逃

的恐龙 DNA，因此，他们就用青蛙的基因补全了不完整的部分。这种技术目前在植物身上其实已经广泛应用。我们平时吃的转基因蔬菜，就是经过这种基因修补技术改良的。但是，青蛙和恐龙的区别那么大，用这样的办法还能造出货真价实的恐龙吗？

陈大元："如果是恐龙能够构建成功染色体，跟青蛙的染色体整合在一起，或者恐龙的 DNA 整合到青蛙的染色体上，整合进去了，假设能生出后代来，也不是恐龙，是嵌合体。"

影片里科学家向葛兰等人解释为什么人造恐龙都是母的。

果然，在影片里，加入了青蛙基因的恐龙发生了令人意想不到的变异。

为了精确控制岛上的恐龙数量，科学家们用基因技术复活的恐龙都是雌性的，这样，恐龙就不可能进行自然繁殖了。一个岛上到底有多少条恐龙存在，管理人员就可以知道得一清二楚。但是，由于青蛙有一种性别逆转的特性，在性别比例严重失调的情况下，有的青蛙可以转变自己的性别，从而保证种群的繁衍。然而，科学家们没有预料到的是，那些被人工复活的恐龙也继承了青蛙的这个特性，一部分雌恐龙改变了性别，不受科学家控制的交配行为开始了，野生恐龙在岛上悄悄出生。

陈大元："所以克隆是单性遗传。在低等动物，甚至鸟类，它可以变性，但是像恐龙这样一个进化的水平，它会不会在野生当中去变性，变成了公的，我没有研究过，所以我也不敢说。"

在我们的生活中，转基因食品让一部分人无法接受，因为食物的品质发生了变化。同样，经过基因修补的恐龙也已经和远古的恐龙不太一样。它们不仅有一部分

在机器手柄的操纵下，小恐龙从蛋壳中孵化出来

发生了性别上的变化，而且在生活习性上也发生了变异。肉食恐龙不再依靠捕杀别的动物来填饱肚子，而是在笼子里静静等待人类为它准备的大餐。

由于生活安逸，许多食肉恐龙甚至对人类送上来的牛羊大餐不屑一顾。公园管理者用来引诱恐龙现身的山羊一直孤零零地被拴在地上，却长时间没有被恐龙吃掉。

到了《侏罗纪公园 2》里，原先人工喂养的恐龙与野生的恐龙已经混合成一体，遍布整个海岛，当科学家把受伤的小恐龙带回营地做研究时，愤怒的恐龙妈妈把整个营地变成了一片废墟。

几辆巨型汽车被狂怒的恐龙推下山崖，研究恐龙的科学家们被他们当初的实验品逼到了悬崖边。

恐龙们甚至闯进了人们的研究基地和住宅区，四处猎杀惊恐逃生的人类

整个侏罗纪公园变成了一片恐龙的猎杀场

古生物学家骑在摩托车上仍被暴龙追击

2. 复活难度很大

看来要复活恐龙真是太困难了，在电影里面，蚊子血里的 DNA 不完整，如果用别的动物的 DNA 去补全的话呢，又会发生变异，我们也造不出货真价实的恐龙。但是，最近，这个情况可能要发生翻天覆地的变化。美国的科学家前不久就在霸王龙的化石里面，找到了一些富有弹性的软组织，其中还包括完整的骨细胞和一些血管。要提取这些软组织里的 DNA，比电影里的那种情况，它的希望要大得多。美国的科学家也表示，他们正在尝试提取恐龙的 DNA，但是，要让恐龙复活，还有一个问题必须解决。

在电影里，小恐龙都是在保温箱里破壳而出的，但是，我们不可能凭空孕育出恐龙蛋，必须找到胚胎的培育受体，才会有恐龙蛋的存在。那么，我们到哪里去找适合恐龙的培育受体呢？现代的大型动物，比如大象、鲸鱼、鸵鸟，也都具有庞大的身躯，可是要把恐龙的胚胎移植到这些动物的身体里，恐龙能够存活下来吗？

陈大元：“因为恐龙生出来的幼仔也是很大的，所以这个受体就很难找到。别的大型动物，大象也没有恐龙那么大，而且也不现实，恐龙跟大象之间差得很大，所以要易种的话，难度很大。”

当然，并非所有的恐龙都是庞然大物，也有长得像小鸡一样的恐龙种类，完全可以找到相同体积的现代动物做受体。然而，在影片里，这些小恐龙却是致命的危险动物。

科学家在参观途中发现了一只生病的三角龙，它的许多症状都非常严重，瞳孔放大、呼吸困难，躺在地上奄奄一息。原来，由于三角龙无法消化现代的植物，因此出现了中毒的现象。

而且，对它们的生存造成巨大威胁的不仅仅是现代的动植物，还有它们赖以呼吸的空气。现代的大气成分和远古时期有着很大差异，如果我们真的要使恐龙复活，就必须把远古时期的动植物和大气成分全部复原，这可不是轻而易举就能完成的工作。

刘慈欣：“因为我们今天的环境和白垩纪的环境有很大的差别，不仅是气候，大气的成分都有很大差别，地球的大气是一个生物圈和大自然相互作用的结果。另外现在地球的植被，和白垩纪时代也是差别很大。”

在所有假设都成立的前提下：科学家们首先找到了恐龙完整的遗传基因，

整个营地变成了一片废墟

三角龙发生食物中毒，科学家们束手无策

最后人类只好动用武力，永久封闭了这个海岛

哈蒙德博士的恐龙复活计划缘于一块琥珀，他们从这块史前琥珀里找到了一只蚊子，而在这只蚊子身上蕴藏着一个巨大的秘密。

哈蒙德博士建造恐龙乐园的梦想在恐龙的肆意破坏下荡然无存

然后又寻找到了适合的培育受体，在孵化出恐龙后又能为它们还原出中生代的环境，那么我们梦想中的恐龙乐园是否就真的能够存在了呢？恐龙会容许我们坐在游览车里窥视它们的一举一动吗？如果这些远古巨兽真的来到我们身边，我们又该如何面对它们呢？

其实，对于该不该进行复活古生物的研究，学术界和全社会都一直有争论。绝大多数的科学家认为，在理论上，复制恐龙的确有可能实现，但是难度非常大。如果这是一种局部可控的实验室行为，作为学术研究是无可厚非的。如果像《侏罗纪公园》里那样通过复制恐龙人为地改变自然过程，这种行为就值得商榷了。

毕竟，我们复制出的是真恐龙还是某个怪物，复制出的恐龙在现在的自然环境中会出现哪些反应，这些问题都没有人能够回答。事实上，在《侏罗纪公园》这部电影中，导演已经通过许许多多灾难性的场景来表达这种对人为干预自然进程的担忧了。人们梦想中的“侏罗纪公园”有可能永远都只是一个梦。况且，恐龙毕竟曾经是地球上的霸主，哪怕是出于这种敬意，我们其实也不应该造出“侏罗纪公园”这样的产物。这也是对人类自己的一种尊重。

（谢许牧秋）

科幻之旅·病毒危机

可怕的病毒，它是致命的打击；它是电影中灾难的使者，它是现实中嗜血的恶魔，末日时刻，是毁灭还是重生？

1. 解读电影与现实中的病毒危机

《卡桑德拉大桥》《恐怖地带》《生化危机》《惊变28天》，这些电影说白了就是电影史当中非常成功的一类灾难片，它都是以人类和疾病作为主题的。一种病毒或者细菌，被人无意之中给接触到了。然后，就传播到了社会当中。引起了瘟疫或即将有瘟疫趋势，导致人们出现前所未有的生存危机，引起社会的大恐慌。最后的结局，要么就是人类被这种瘟疫所征服，要么就是我们想尽办法征服了这种瘟疫。不过电影设计的再巧妙，它不仅仅给我们带来的是视觉上强烈的冲击，更重要的恐怕就是电影结束之后我们心头那种久久挥之不去的对于人类未来的一种思考。我觉得恐怕是非常大的一种恐惧，就是源于对细菌、对病毒，

《卡桑德拉大桥》中的死亡列车

可怕的灾难，致命的打击

这些可能会导致我们人体得病甚至丧命的一些致病微生物的恐惧。

说到底，电影当中那些有可能威胁到人类生存的致病微生物在我们现实当中到底存在不存在呢？如果真的要有这么一场瘟疫袭来的话，我们人类又该拿什么来作为我们的防御武器呢？

制造灾难和拯救灾难历来是电影人的拿手好戏，而以流行病为最大卖点的灾难电影，总是利用观众对某种瘟疫或者流行病既熟悉又陌生的心理，在银幕上尽情演绎一个又一个关于疫病灾难的故事。而此类题材的代表作之一《卡桑德拉大桥》在那个年代的观众心底刻下深深的印记。

周黎明："《卡桑德拉大桥》的拍摄应该是在20世纪70年代，在我国放映是80年代初期。这部影片对我国观众来讲，它最大的冲击来源于它强烈的真实性。在这之前，我们没有关于病毒的那种影片，而且拍得那么真实。"

故事从两名恐怖分子闯进日内瓦的国际卫生组织开始。打斗过程中，实验室内一个玻璃器皿被意外击碎。瓶内液体飞溅到两名入侵者身上，其中一人跳窗而逃。但他并不知道，喷溅在他身上的是一种病死率很高的致病菌。这种名为肺鼠疫的病菌不仅病死率很高，传播速度也很快。他和这辆列车上的上千名乘客都面临着来自病菌的死亡威胁。为了控制病菌在列车上扩散，医学家乔纳森必须先找到感染源，才能控制疫情，阻断病菌继续传播。

李德新："病毒和细菌传播有不同的传播途径，比方说有的是通过呼吸道传播，可以通过气溶胶、飞沫传播；有的是通过接触传播；有的是通过吃进去的食物、饮水传播。"

而电影中的病菌肺鼠疫通过空气和飞沫在列车上迅速传播，许多乘客被感染而生病，不久将病菌带到列车上的这名男子最先发病死去。这令大家更加担心起来，为了阻止可怕的病菌扩散到列车外，国际组织对整列火车实行了封闭和管制，列车被迫改线并途经一个名为卡桑德拉的危桥。这其实是国际组织为了防止病菌扩散，而给车上乘客安排的一个死亡终点站。虽然后来疫情得到了控制，感染者也逐渐恢复，但仍然没能阻止悲剧的发生。列车在通过危桥卡桑德拉时，大桥垮塌，列车坠入河中，无数乘客不幸丧命，仅有少数人幸免。当电影中的灾难给人们带来视觉冲击的同时，惊魂未定的我们也在为现实中可不可能降临这样的灾难而隐隐担忧。

周黎明：“这里面所有发展都是有可能的，而且是非常可能发生的。比如在一个地方传染一种病毒，那种病毒是很容易传给别人的，他到了一个广大的人群当中，就会给这个人群带来灾难。假设刚好是在飞机上，或者在一艘船上，或者在一列火车上，就更加困难。”

《卡桑德拉大桥》这部电影在当时可以说是非常成功。我至今对这部电影记忆犹新。当时是我的父母带我去看的。看的过程当中，对疾病的传播速度令人感到十分的恐惧。其实说到底，我觉得这种恐惧每个人都有，这是我们的老祖先一代一代传给我们的。

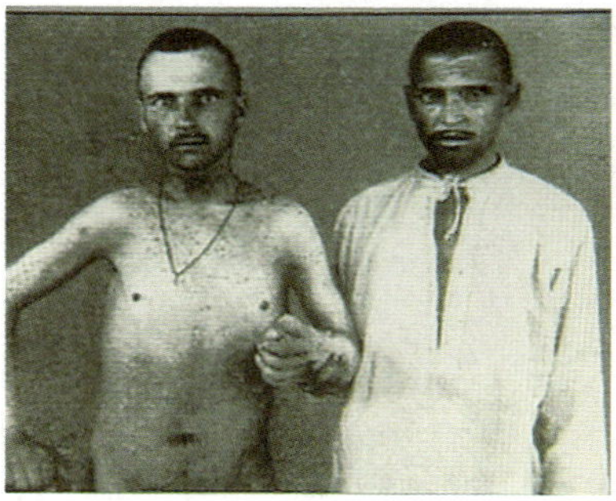

以人类和疾病作为主题的影像

2. 面对现实中的病毒危机

其实人类对流行病的恐惧由来已久，历史上最骇人听闻的瘟疫之一是“黑死病”，也就是现在所说的鼠疫。最广为人知也最为悲惨的鼠疫发生在中世纪的欧洲。

刘慈欣说：“欧洲的黑死病席卷了整个欧洲，大概杀死了 1/3 的人。”

在 1918 年爆发的西班牙流感也夺走了几千万人的生命。

人们对细菌、病毒的恐惧

流行病夺走了无数人的生命

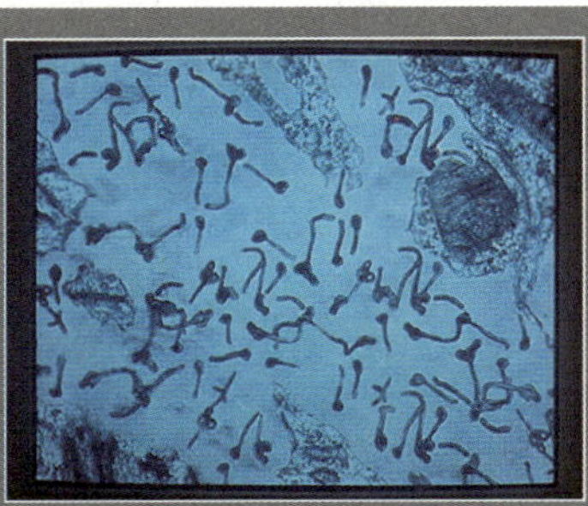

病毒作为一种生物，会不断发生变异

1918 年的西班牙流感，是一个非常严重的事件。从美国蔓延到欧洲，然后蔓延到其他地方，大概全球死亡者就有 2 000 多万，有的说是 4 000 多万，甚至更多的人。

除此之外，还有天花、伤寒、疟疾等由病毒、细菌和原虫引起的流行病，也夺走了无数人的生命。

刘慈欣："所以科幻电影最早对传染病的描写，就来自过去的导致大规模死亡的传染病的阴影。"

虽然这些疫病灾难十分恐怖，也给人类造成过巨大伤害，但是随着科技的不断进步，许多传染病的病源和传播途径在现代医学的帮助下逐渐明朗起来。鼠疫、天花、流感等传染病对人类的威胁变得越来越小。

随着现代医学的不断进步，越来越多的病毒、病菌得到了有效控制。这些成绩大大增强了人类战胜流行病的信心，有人甚至乐观地认为像鼠疫那样的流行病灾难，再也不可能发生了。然而 20 世纪 70 年代以后，艾滋病、埃博拉出血热、SARS，这些新的致命性传染病不断出现，而且传染速度越来越快，病死率也越来越高。

李专家："从 20 世纪 70 年代中期以后，我们才认识到这些疾病。这些新发的传染病对我们来说，肯定有它的挑战。因为我们以前不认识它，对这个病毒的性质不清楚，对这个疾病的流行规律也不是掌握的很清楚。"

新型传染病的不断出现再次唤醒了人们对于病毒的恐惧，而与现实息息相关的流行病灾难电影，也越来越科学化、现实化。20 世纪 90 年代推出的《恐怖地带》就是一部现实感极强的经典之作。

周黎明："《恐怖地带》这部影片其实是有一个背景的，就是人们对艾滋病的恐惧，联想到对其他病毒的恐惧。包括埃博拉出血热，在西方就有很多的报道，伤及的人也挺多。在那个环境下，人们又想到了如果出现某种细菌，这种细菌可以迅速扩散，然后传播给人类，会殃及大批人类的时候，人们该怎么办。”

可怕的瘟疫在非洲扎伊尔某雇佣军军营中蔓延，无计可施的军医在抽取了感染者血样之后离开。为了防止瘟疫继续蔓延，军方向暴发瘟疫的军营投下了炸弹。然而致命的病毒并没有就此被彻底毁灭，许多年后，扎伊尔再次爆发可怕的瘟疫，无数村民感染致死。

《恐怖地带》描写了埃博拉出血热，这确实是一个危害非常大的病毒，病死率非常高。从扎伊尔调查回来的山姆请求上级发布防疫警报，以防止病毒从扎伊尔扩散到本国内。然而上级并不相信远在非洲的病毒能够威胁到他们的生命。谁知道一只非洲猴漂洋过海来到小镇，由于不合宠物店老板的要求，它被贩卖者放归树林，但病毒已经通过贩卖者和宠物店老板在人群中迅速传播，感染者越来越多。

为了防止疫情继续蔓延，军队紧急封锁了小镇，镇上居民被全部隔离。

它反映的实际上是全球化带来的一个问题，在以前这种病很难流行，在非洲得的一种病，突然间流行到美国去了，一架飞机就能载过去了。

李专家：“人口的增加，城市化的扩大，还有交通的便利，这些都可能造成疾病的传播和发现的或者人感染这些疾病的机会增加。”

“整个情节的脉络是完全按照传染病医学的程序来走的，什么地方出现传染病，你要上报。上报后的程序：派人调查，军队封锁，这些程序还是很接近

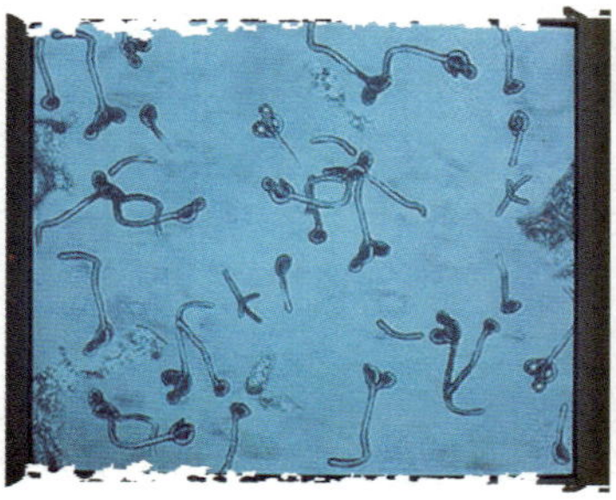

病毒和细菌知道怎么躲开人体免疫力的防御，繁殖自己

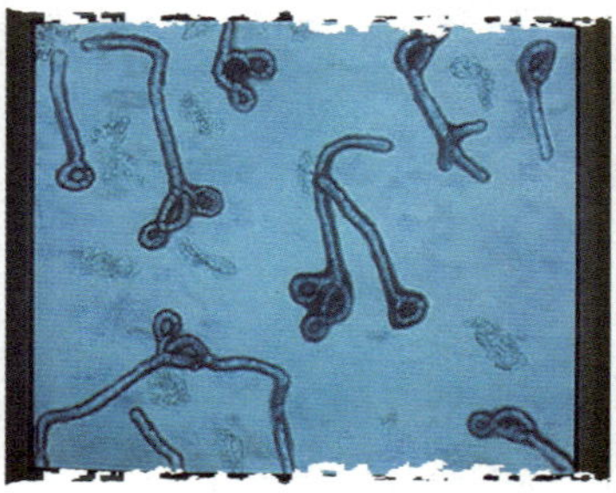

致病微生物无处不在

病毒对人类的挑战也许永无休止

现实的。这种事情随时可以爆发在我们世界的任何一个角落里。”

随时可能爆发的灾难在电影里被表现得淋漓尽致，不管是受到病毒直接威胁的小镇居民还是小镇外的其他人，对病毒同时也是对死亡的恐惧深深地震撼着每个人。真实的病毒背景，真实的流行病表现方式，也令电影外的我们感到恐慌，这样的灾难会不会真的在现实中发生呢？

专家回答说：“如果具体到这个问题的话，我认为明天都有可能发生。明天如果我们打开报纸，说什么地方突然间有一些奇怪的死亡病例，证明是一种新的病毒传染，这个我想谁都不会觉得奇怪。”

电影中的情景确实曾在现实中上演，2003年一种新型传染病SARS突然爆发，并迅速在广州、北京等地传播开来，许多人被感染或者面临着被感染的威胁。毫无准备的人类社会再一次面临来自病毒的挑战。

这些年来，我们耳朵里听到的稀奇古怪的病名似乎很多了。比如说，埃博拉出血热、艾滋病、西尼罗河热、疯牛病、SARS等，很多人就在考虑为什么现在这种病越来越多了呢？这恐怕与这些病毒本身的变异速度有关。据说艾滋病病毒变异得非常快，让我们人类防不胜防。虽说艾滋病病毒被人们称之为是世界瘟疫，但是大家来想一想，如果我们的艾滋病与刚才电影当中那种可怕的病毒比起来的话，似乎艾滋病的威力就没有那么强大了。病毒它是在不断地变异的，有没有可能真的有一天，某种现在不起眼的病毒突然变得像电影当中那样可怕呢？

周黎明专家说：“病毒作为一种生物，它在不断发生变异，生物为了进化总是要不断发生变异的。比方说我们讲的SARS病毒，就是一种变异的冠状病毒。”

致命的病毒发生泄漏

由同名游戏改编而来的电影《生化危机》将病毒的变异演绎得比现实更加恐怖。在保护伞公司的巨大研究中心“蜂巢”内，一种致命的病毒发生泄漏，监控着整个“蜂巢”的超级计算机为了防止病毒扩散，迅电影当中展现的那些有可能威胁到人类生存的致病微生物在我们现实当中到底存在不存在呢？如果真的要有这么一场瘟疫再次袭来的话，我们人类又该拿什么来作为我们的防御武器呢？

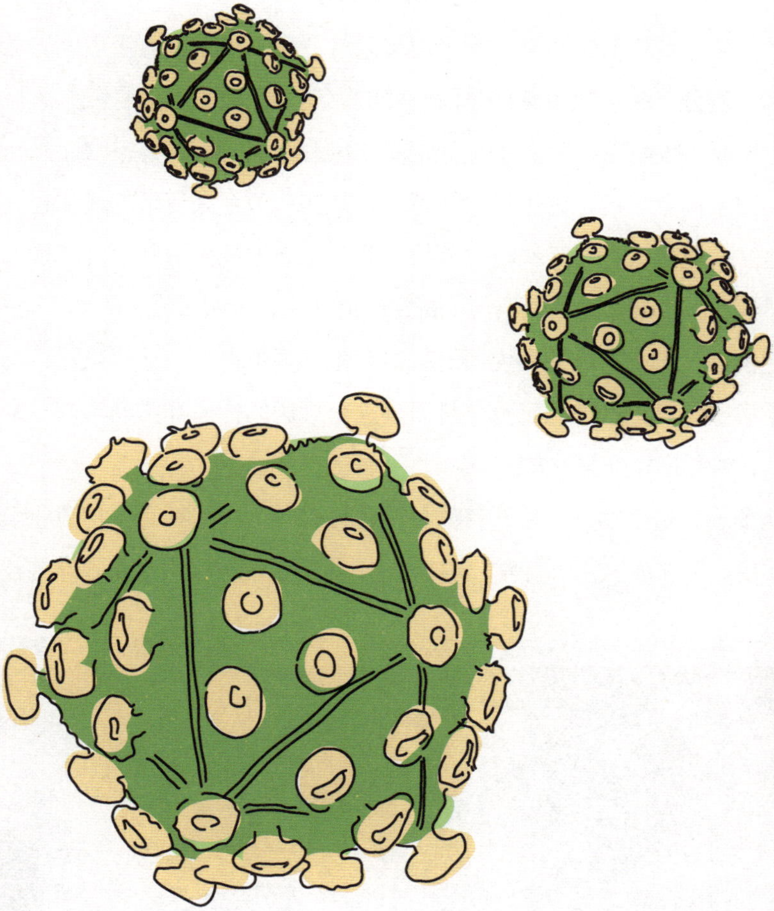

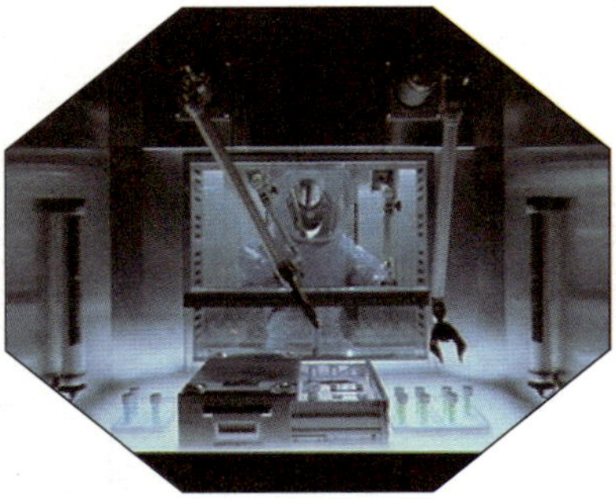

奉命进入公司取出最新研究成果的工作人员

速封闭了研究中心，并“杀死”了里面的所有工作人员。艾丽斯等人奉命进入“蜂巢”取出公司的最新研究成果。在通过重重致命障碍之后，他们惊恐地发现那些被杀死的人，已经成为疯狂的活僵尸。一旦被他们咬到或抓伤就会被传染，然后也变成活僵尸。电影里病毒的可怕再次升级，这里的病毒已经完全改变了它在现实中的模样。

其实《生化危机》本身是一个吸血鬼题材，只不过把吸血鬼里的魔法，改变成细菌、病菌。整个故事脉络是没有变的，还是吸血鬼，还是咬人之后，被咬的人也变成了吸血鬼。只不过中间传递的不是魔力，而是细菌。

其实出于商业目的，为了吸引眼球，将某些情节夸大变形的又何止《生化危机》这一部电影。在《卡桑德拉大桥》和《恐怖地带》中肺鼠疫和埃博拉出血热虽然都取材于现实生活，但为了符合剧情冲突，也做了许多的艺术夸张。

李专家：“卡桑德拉大桥描写的就很夸张，恨不得你一被感染了，马上就生病；生病了，马上就要死。它总是强调这个疾病的传播非常非常快，发病非常非常急，病死率也非常非常高。”

“这个不光是生物灾难片，其他各种题材的科幻片，都有这种商业属性在里面起作用，它对科学进行取舍，对技术进行取舍。能够吸引观众眼球的技术，

可怕的病毒

病毒泄露后开始扩散

就夸大它、夸张它；而那些不吸引观众眼球的东西，就把它隐掉。”

虽然电影中许多细节经不起科学的推敲，但是高科技的电影技术却可以把这种想象中的灾难演绎得无比真实。强烈的真实感令许多人担心，如果灾难真的降临，该怎么办？我们再来看看电影中的人们是如何化解危机的。

国际组织将出现疫情的国际列车隔离，并派遣医疗小组上车帮助医学家乔纳森拯救乘客。这种阻断传染源的方法是现实中人类面对流行病灾难时，最原始也是最基本的防疫措施。即使是在20世纪90年代的电影《恐怖地带》中，隔离措施也是疫情暴发之初最先采取的有效措施。与列车上乔纳森不同的是，军医山姆要拯救小镇上几千人的生命，就必须在军方投下炸弹之前，找到可以治疗疾病的抗毒血清。而唯一的办法就是找到病毒的原始携带者——那只来自非洲的猴子，因为只有它的体内有病毒抗体。最终山姆抓住了那只猴子，成功研制出抗毒血清。这样的结局不仅符合观众的心理需求，更重要的是，它符合现实中生物的存在、发展规律。

世界上生物圈是非常复杂的一个天网，它是互相制约，相生相克的。经过几十亿年的进化以后，能够留存到现在的生物物种，都是成功者。病毒和细菌也知道怎么躲开人体免疫力的防御，它要繁殖自己。它的宿主也知道，怎样去用自己的免疫力来制服细菌和病毒，这是一个相对平衡的关系。应该说它不会被突然地打破，不会出现能够让人类灭亡的一种病毒，这种情况不太可能。

但我们仍然不能放松对此类灾难的警惕，因为这些病原微生物无处不在。而像艾滋病、SARS这样的病毒挑战也许永远无休无止，面对威胁，人类自身的免疫进化和科学技术的发展进步，是我们迎接挑战的最好武器。

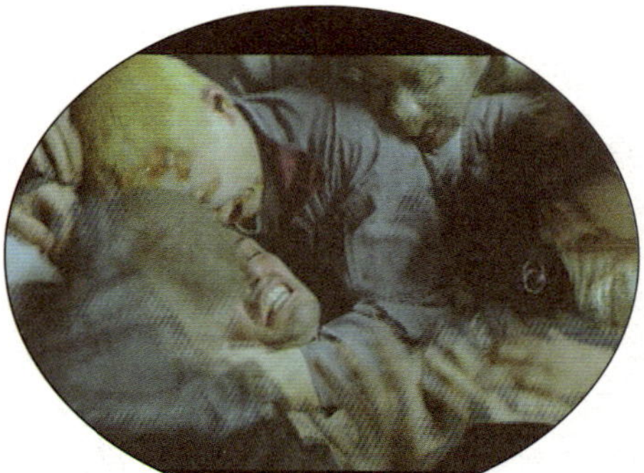
那些被杀死的人已经成为疯狂的活僵尸

在我们人类的历史当中，我们曾面对过多少艰难困苦，尤其是各种疾病对于我们人类生存的威胁。最终人类都是利用我们的智

隔离措施是疫情暴发之初最先采取的有效措施

慧，利用我们的科学技术获得了最后的胜利。比如说，像天花这种疾病，曾经让多少人命丧于此。可是在20世纪70年代的时候，世界卫生组织在内罗毕就正式宣布天花这种疾病已经彻底地被人类征服了。所以说，现在我们还在跟很多疾病处于针锋相对的斗争过程当中，凭借我们人类的智慧，我们科学技术不断地发展，相信终究有一天最后的胜利依然会属于我们。

（谢君）

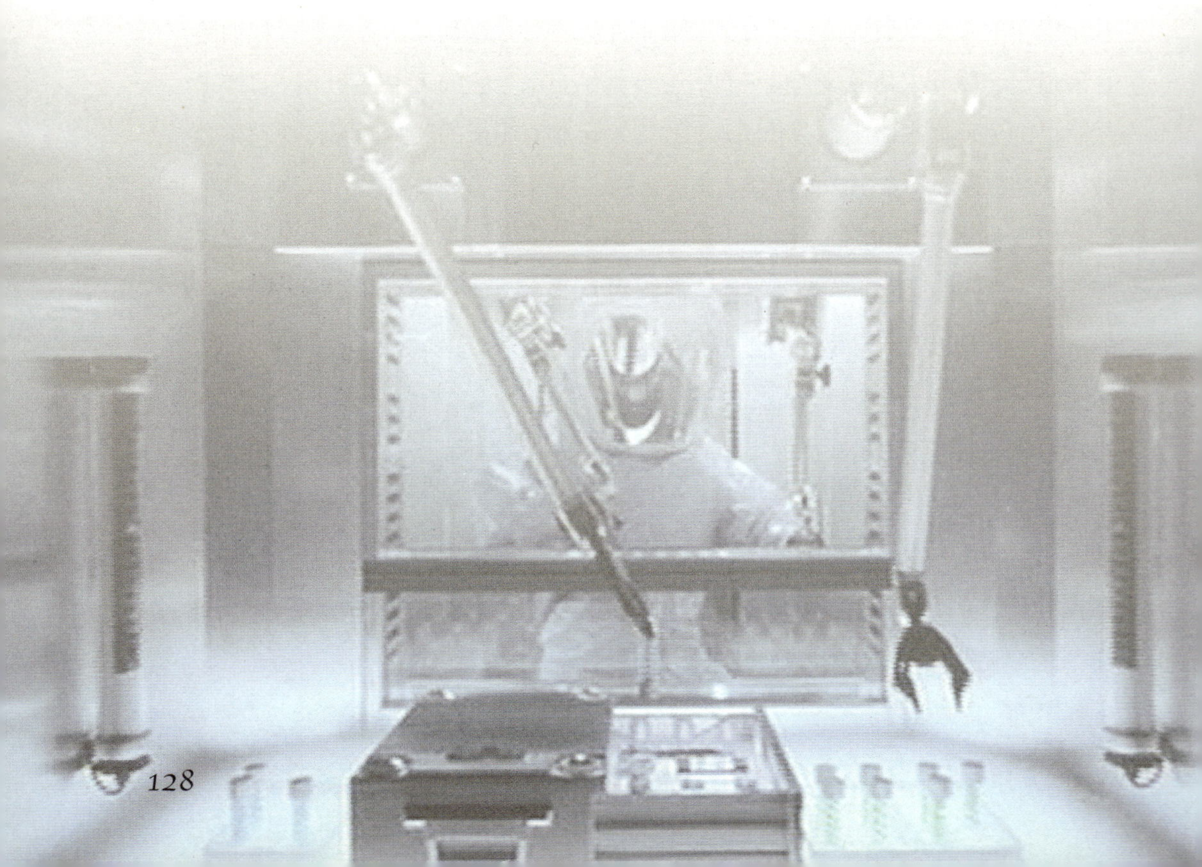

科幻之旅·时空之谜

如果我们能回到过去，
如果我们能去到未来；
这一切只是梦想，
还是可以变成现实？
在幻想和现实之间是否有成功到达的航船？

1. 如果我们能回到过去或者来到未来

不知为什么，我从孩童开始，就有一个莫名其妙的想法：我的过去是什么样子，未来又会怎么样？随着我的成长，我的这种想法越来越强烈，而且我也知道几乎每个开始有自我意识的人，都有着像我一样的想法。如果我们回到过去和来到未来，会是怎么样呢？

《回到未来》里的时空机车

其实人类自古以来就有希望可以自由回到过去和来到未来的梦想，而且有了各种各样的说法。尤其对于我们中国人来说，有一种在民

在《神话》中由成龙扮演的秦国大将军蒙毅骁勇善战，与朝鲜公主玉漱暗生情愫

间流传很久的时空转换的说法。那么这种说法到底是什么呢？我想大家看了下面这部影片后，不难猜到。

《神话》这部由成龙主演的科幻影片，虽然拍自2005年，但是仍然利用了中国最传统的时空转换手法，这就是转世。在影片中由成龙扮演的秦国大将军蒙毅骁勇善战，在负责护送朝鲜公主玉漱到秦国途中，历经磨难并因此暗生情愫。谁知就在玉漱到达秦国成为秦始皇王妃不久，传来秦王病危的消息，蒙毅冒死去拿长生不老药，不料拿到药后却遭到叛军伏击。激战后，蒙毅最终被叛军所杀。而这段真实的历史却经常出现在2 000年后的考古学家杰克的梦中。原来杰克是蒙毅2 000年后的转世再生。在梦境的召唤下，随后，他们来到深藏于山谷里的秦始皇陵。发现整个皇陵悬浮在巨大的空中，而令他更加惊喜的是，与误食长生不老药等候他数千年的玉漱重逢。

郑军："《神话》这部电影，它是转世的很好的一个例子。严格来讲，它与时空旅行有一个不同点，它只是单向的，从历史走过来。时空旅行应该是比较自由的，我想到哪年哪月哪日去，我就到哪年哪月哪日去，想回来就回来。"

在《神话》这部影片中，虽然加入了科幻色彩，但是核心情节仍然利用了转世这一种民间流传了几千年的宗教说法。从这种意义上说，仍然代表了中国传统的时空观念。然而世界上没有真正的转世，虽然在民间一直流行，但也只

玉漱到达秦国成为秦始皇王妃

原来杰克是蒙毅2 000年后的转世再生

他与误食长生不老药等候她数千年的玉漱重逢

是表达了人类回到过去或者向往未来的永久追求。而且从功能上来说，转世只能从历史来到现实，并不能真正满足自由进行时空穿梭的愿望，所以另一种借助神器自由翱翔各个时空的神话传说应运而生。

郑军接着说："比如说《大话西游》系列，其中有一个月光宝盒，这个就是用魔法的方式来穿梭，整个《大话西游》这两部曲，它实际上是一个时空穿梭的故事。"

《大话西游》系列拍自20世纪80年代，在《大话西游之月光宝盒》一集中，由周星驰扮演的孙悟空在护送唐三藏西天取经途中，偷走了月光宝盒。观音为惩罚孙悟空令他500年后投胎做人。500年后，变身为至尊宝的悟空巧遇身为白骨精的白晶晶。一番纠缠后，至尊宝才得知他与白晶晶在500年前有过一段刻骨铭心的恋情。谁知一连串的误会使白晶晶误认为至尊宝变心，愤怒之下自杀。而至尊宝则找出月光宝盒，开始了穿越时空回到过去挽救白晶晶的时光之旅。

在影片中，至尊宝几次使用月光宝盒进行时光之旅，表现了强大的神奇力量。但是月光宝盒在电影中的真正价值和《神话》中的转世一样，只不过是为了编织一个美丽爱情故事的工具而已。作为一种艺术噱头，转世和使用神器这种时空旅行方式，在国内外大量的文学和影视作品中被频繁使用。虽然在现实世界中从来没有出现过，但是它充分表达了人类自古以来就有的希望——可以自由回到过去和未来，改变和控制命运的一个永久情结。

郑军："时空穿梭这个故事，可以说它寄托了我们每个人的一种愿望，无论我们回顾个人史，还是回顾我们的国家史、民族史，我们总会看到很多后悔的地方：当时如果不这样做，我们就会怎么怎么样；不这样就不会怎么怎么样。但是世上没有后悔药。"

这段真实的历史经常出现在2 000年后的考古学家杰克的梦中

刘慈欣："如果说能进行时间旅行的话，就可以通过改变过去来控制未来，这样的话，我们就可以把后悔的、有缺憾的人生进行改变。"

世上没有后悔药，但是我敢肯定，每个人都会有一些后悔的事。如果我们手中有一个类似月光宝盒的宝贝，是不是也可以用一下回到过去，改变我们曾经做错的事呢？如果可以的话，我们为什么不同时去未来看看？不错，你的想法几乎每个人都有，但是，不管是转世还是用宝贝甚至魔法，这些都是神话，是永远不可能实现的。如果在我们当中有一个天才的科学家，造一个可以回到过去和未来的时空机器进行时空穿梭，是不是有可能呢？秦始皇有难，身为贴身侍卫的我怎可不去？

最早可以创造时间机器的天才科学家，出现在1895年威尔斯的科幻小说《时间机器》里。这部小说被称为利用科学进行时空旅行题材的开山鼻祖。《时间机器》一书构思奇特，情节震撼，曾经被多次搬上银幕，今天我们看到的是拍于2002年最新一版的《时间机器》。

1895年，纽约哥伦比亚大学的哈德金博士，有着被别人看作“不切实际的幻想”，那就是自行建造一部时间机器来向世界证明人类完全可以在时空中穿梭旅行。终于，他亲手建造的时间机器完美地启动，时间机器载着他成功地抵达了第一个目的地，也就是100多年后的2030年的纽约。

谁也没有料到，在未来等待着他的是如此难以想象的险境。人类的殖民计划出了大问题，月球的运行轨道正在下降，很快将坠入地球。

为了逃离可怕的地球生物浩劫，哈德金再次开动了他的时间机器。在昏迷中时间如流水般划过，世界以惊人的速度变化，时间旅程展现出一幅幅奇丽而又壮观的景象。谁知这次的时间机器竟然一下把他带到了80万年后。跨越一个冰河纪的地球早已彻底改变了模样。此时的人类竟然居住在狭小的岩壁上，并不时受到怪兽人和生化机械人的威胁。于是，哈德金留下来帮助人类摧毁了敌人的巢穴。

科幻作家刘慈欣说：“威尔斯在他的作品中以及电影里，也介绍过时间机器的原理，但那个介绍可以说是含糊其辞的，是蒙人的。他没有任何具体的在逻辑上说得通的技术原理，但是凭着那个机器，他一步就跨到了几百万年以后的未来，而那个未来社会，他的重点就不在于时间旅行，而在于展现那种未来在狭义相对论那里，我找不到过去旅行的可能性。爱因斯坦在1915年提出广义相对论，他第一次把时间和空间结合在一起……

社会。”

科学史专家江晓原说：“在威尔斯写他的《时间机器》这部小说的时候，这是纯粹的幻想，没有任何科学依据。而 10 年后出现狭义相对论提供了一种理论依据，你到未来去，这种可能性是存在的。”

每个人都会有一些后悔的事，但是世上没有后悔药

如果说威尔斯的小说《时间机器》把进行时空旅行纯粹建立在幻想基础上的话，1905 年，爱因斯坦的狭义相对论的发表，则从科学上把幻想变为了现实。爱因斯坦的狭义相对论首次提出：时间是相对的。并推断：如果人以接近光速旅行，那么时间对他来说就会停滞。1971 年，物理学家将 4 个极为精确的原子钟放在一架航行的飞机上。飞行之后，这些原子钟与地面的原子钟相比，的确慢了 59 纳秒，于是爱因斯坦的理论被证明。也就是说，人们到未来旅行在理论上是可行的。但是如果想回到过去，按照狭义相对论是完全不可行的。因为当物体接近或超过光速的时候，时间有可能很慢或者是静止的，不可能使时光倒流。那么如果真是这样的话，难道人类只能到未来旅行而回到过去的梦想仅仅只能畅游在幻想之中吗？

江晓原说：“在威尔斯的小说里，到未来、到过去是可能来往的。这个时间机器就像一辆车子一样，可以朝前开，也可以朝后开。但是你要讲科学依据，在狭义相对论那里，你找不到逆时旅行的可能性。现在就是要等到又过 10 年，爱因斯坦在 1915 年提出广义相对论，他第一次把时间和空间结合在一起……”

其实按照爱因斯坦在 1915 年提出广义相对论的概念，我们可以对时空进行一个简单的解释。这有一个泡沫片，里面的小气泡代表小的时空。按照狭义相对论，以红色代表现在的时空，以光速到达未来的蓝色时空，要想到达黑色的过去时空是办不到的。但是如果我在这个泡沫片上放一个重物或者给它一个力，我们会看到，整个泡沫片被弯曲了。这个现在的时空与过去的时空、未来的时空就没有了距离，或者说接触到一起，那我们不就是可以随便回到过去或者未来了吗？因此在相对论出现以后，许多科学家认为只要有足够大速度和能量让时空扭曲，进行时空旅行是可能的。于是，这一理论又成了有关时空旅行题材科幻电影发展的巨大动力，同时也更加刺激了人们进行时空旅行的极大热情。当然这里面也不排除我，但是如果让我坐《时间机器》里面那个没有任何科学根据的庞然大物，我看还是算了。那么坐哪种时间旅行车合适呢？

影片《回到未来》是由美国著名电影导演斯皮尔伯格于20世纪80年代拍摄的系列科幻影片，总共3集。在第一集中主要表现的是使用时空机车回到过去的故事。布朗博士热衷发明各种东西，一次他在试验刚刚发明好的时间机器时，不幸被恐怖分子杀害，而马丁则在逃命时驾着时间机器从1985年回到了1955年。马丁遇见了30年前的父亲乔治和少女时代的母亲洛莲。但为了防止自己消失，马丁想方设法让乔治与洛莲接近，就在马丁快要消失时，乔治与洛莲终于相爱了，马丁也避免了消失的噩运。在祝福了乔治和洛莲之后，马丁匆匆赶往钟楼去见布朗博士。他想告诉布朗博士他未来将要被枪杀的事，却被博士拒绝。虽然意外不断发生，但马丁终于成功地利用闪电能量回到了1985年。当马丁以为博士仍然被枪杀后痛心不已，没想到博士因为读了马丁留下的信而采取了预防措施，从恐怖分子的枪下幸免于难。

郑军：“这个作品体现了时空穿梭题材的一个特点，往回走，跟当年威尔斯写作的题材就完全不一样，威尔斯是想看到未来。到了《回到未来》这样的电影开始以后，人们反而去关注过去。”

在第二集中电影为我们展现了未来世界的某些场景。为了帮助未来的儿女，马丁和珍妮跟着布朗博士来到了30年后。在那里，马丁见到了自己未来的儿子，而女友珍妮则见到老年的马丁和老年的自己。在第三集，马丁则和博士返回了19世纪的北美，开始了奇幻之旅。

在《回到未来》这三部影片中，新的时空理论的巧妙运用使时空旅行看起来更加真实，甚至里面布朗博士对时空理论的阐述，也直接把时间大师霍金的理论照抄在黑板上。然而尽管如此，《回到未来》也仅仅只是把科学理论幻想成了现实，而并非真正代表在现实和技术方面可以进行时空旅行。

刘慈欣：“理论上有可能，实际上它的技术障碍还是比较大的，目前来说还不可能达到这一点。而对于科幻来说，在理论上可行就已经是科幻的现实了，这已经是相当真实的东西了。”

在《回到未来》这部电影中，我们发现在其中必不可少的时空穿行工具就是一部汽车的样子，就像现代的车一样。但是与威尔斯的那部静态的时间机器不同，这部是动态的。这说明《回到未来》的那部时空旅行车是需要速度的，很明显受到爱因斯坦相对论的影响。但是我们可以看出其中的科学错误，电影中时空旅行车的速度只要达到时速 88 千米就能进行时空穿梭，很明显与光速理论相差很远，而且要想达到可以进行时空穿梭的光速，只靠着闪电的能量是根本办不到的。因为如果把 10 吨重的物体加速到光速的 99.9%，需要 100 亿亿焦耳的能量，相当于世界上几个月所耗能量的总和！当然这些只是科幻电影所描写的，我们现在的人类无法在技术上实现超光速飞行或者使时空扭曲。所以理论上的可能对于我们现代人来说几乎就是不可能。然而，这并不代表人类对穿越时空梦想的追求和探索的结束，随后出现了一种科学理论和大量与之有关的科幻电影，却又为人们带来了新的曙光。

2. 时空隧道

我们都知道向往在时间长河里自由地穿梭腾挪，是人类很久以来便存在的梦想。在许多科幻电影中，人们利用转世、神物甚至制造时间机器，来实现人类回到过去和未来的梦想。不但如此，在爱因斯坦发表著名的狭义相对论和广义相对论后，从科学理论上也证明回到过去和未来是可能的。但是理论上可行并不代表现代的人们真的可以进行时空旅行，因为在技术上很难实现。那么人们在时间长河里自由穿梭探索真的走入了死胡同吗？答案并非如此。因为人们在许多科幻电影里发现了一个新名词：时空隧道。

也许是为了满足喜爱战争题材观众的某种欲望，美国在 20 世纪 80 年代拍摄了科幻电影《碧血长天》，讲述的是在检修美国“尼米兹”号航空母舰时，突然穿越时空隧道，使它一下子回到了1941年珍珠港事件前夕。面对这样一种令人难以置信的局面，舰上的官兵们充满了困惑。在目睹了日本飞机正要对珍珠港发动攻击、启动战端后，他们决心重新打一场珍珠港之战来改变历史。然而正当他们摩拳擦掌、跃跃欲战的时候，导演却和观众开了一个不大不小的玩笑，“尼米兹”号并没能按他们设想的那样参与到珍珠港一战中，而是在关键时刻，通过时空隧道又把他们带回了现代。《碧血长天》是一部典型的时空穿梭电影，它最大胆的幻想是利用时空隧道让巨型航空母舰进行时空穿梭。影片中大量的特技镜头加上剧情及细节所营造的戏剧张力令人叹为观止，但影片中的核心情节——那次使庞大的航空母舰穿越时空的时空隧道到底是什么现象呢？

哥伦比亚大学的哈德金博士自行建造了一部时间机器

刘慈欣：“所谓的时空隧道，广义相对论认为它是一个在引力场下能变化的东西，并不是像我们想的这种均匀的很平坦的东西。当空间折叠之后，空间折叠的两点，中间打开一个洞相通的话，就可能走一个空间的捷径，这就是‘虫洞’的概念。”

关于虫洞、时空隧道之类的观念，并不是科幻电影编导们的凭空想象，而也是源于爱因斯坦的广义相对论。1935年，爱因斯坦和罗森根据广义相对论推导出，在特殊的时空结构中存在一条贯穿空间和时间的隧道。这条通道被称为爱因斯坦—罗森桥。但最初的推导是这座桥是无法通过的，任何物质想要通过它都会被撕裂。然而1936年克尔得出一个解，表明有可能存在着可以通过的爱因斯坦—罗森桥，这时它就变成一个“虫洞”——通往另一宇宙的通道。如今不少科学家相信，“虫洞”可以进行时间旅行，还能够通往不同的空间，甚至当代最著名的物理学家霍金，在他的经典之作《时间简史》中，也承认“虫洞”

他希望能向世界证明人类完全可以在时空中穿梭旅行

是提供时空旅行的关键。只要有一种巨大的能量打开“虫洞”，就可以实现时空旅行。

其实“虫洞”解释起来很简单，这张泡沫片当中，红色代表现在时空，蓝色代表未来时空，黑色代表过去时空，假如说某种力使整个时空扭曲，现在的时空和过去时空或者未来的时空最大限度地接近，我们用笔芯把这几个时空串联起来，那么这个被串联的笔芯就是时空隧道或者说是“虫洞”。虽然在理论上说这个“虫洞”具有巨大的能量，任何物体都不可能通过，但是并不影响科幻电影中人们利用“虫洞”穿越时空；甚至在某些电影中，这个“虫洞”的位置和出现的时间可以被估算出来。

与中国电影《神话》类似，美国科幻影片《穿越时空爱上你》也反映了一段世隔百年的绝世恋情。利奥原是 19 世纪的一位贵族公爵，天生相貌俊朗、举止优雅的他由于尚未娶妻成为当地有名的“钻石王老五”。

一次偶然的机会，利奥打开了一条时空隧道，并且身不由已地通过这条隧道降落到了 100 多年后的 21 世纪，时间的转变和环境的陌生把这个生活在 19 世纪的大男人搞得晕头转向。就在这时，他与 21 世纪的事业型女士凯特巧遇，在发生了英雄救美后，两个人之间产生了爱情。

但是由于所处年代不同，他们的感情面临着各种问题。利奥根据时光科学家们测定出的时空隧道回到属于他的那个年代，而深爱着利奥的凯特也随之跳入时空隧道，回到 100 年前与利奥最终结合。

因为时空隧道的出现，一对相隔百年的男女出现了隔世之恋，有情人终成眷属这一永恒的爱情主题，竟然因为时空隧道的出现，展示了人们意想不到的奇异色彩。在人们为这个绝世恋情感叹不已时，许多观众不禁怀疑，世上真的有时空隧道或者“虫洞”存在吗？

江晓原：“这种东西存在的可能性是不能排除的，它们可能是有的，但是到现在为止，我们没有看到一个确切的证据。”

刘慈欣说："这种'虫洞'即使存在的话，它都伴随着很强的能量过程。比如说像黑洞这种东西，真的说是要通过它进行一段时间旅行的话，可能也很困难，因为要通过它的话，包括生命、无机体都会被撕裂，甚至变成纯能量等各种状态。所以说目前关于时空隧道、'虫洞'，也有的叫空间蠕洞，基本上就是猜测，没有证据证明它存在。"

他亲手建造的时间机器完美地启动

虽然现今的技术使人们不能造出时间机器，而时空隧道和"虫洞"的说法也仅限于猜测，无法用任何的科学方法证明，因此现今的人们只能通过科幻电影等手段在幻想中实现时空旅行。在这些科幻作品的轰炸下，许多人甚至某些科学家也认为时空隧道有可能存在，人类早晚有一天会制造出自己的时间机器进行时空旅行，来改变某些历史或者未来。虽然这梦想如此强烈，但是有谁会想到，如果真的有一天会实现，人们真的可以改变历史或未来吗？

"让时间倒流，其实它在科幻里面的最大魅力，还不是它的技术可不可能，而是它在逻辑上可不可能。在逻辑上，如果一个未来时代的人到达过去时代的话，就是说的外祖母悖论，你改变历史，就可能改变现实。"

"它的意思就是说，如果我回到过去，我把我外祖母杀死了，或者误杀了，外祖母不存在，我母亲不存在，我也不存在。我不存在，我又怎么去杀我的外祖母，这个就叫外祖母悖论。"

由美国影星施瓦辛格主演的《未来战士》是为人们十分熟悉的科幻影片。而就是这样一部影片充满了时空逻辑错乱。2029 年，地球被机器人全面主宰，并进一步处心积虑要赶尽杀绝全人类！为了遏止人类的反制行动，机器人于是派遣刀枪不入的未来战士，回到过去杀害莎拉，因为她未出世的孩子即将成为人类对抗机器人的唯一领袖；未来的人类领袖乔恩为了保护自己的母亲在过去时代不被机器人杀手所害，派遣战友卡尔回到过去。虽然卡尔最终成功保护了乔恩的母亲，然而在执行任务的过程中，与乔恩的母亲莎拉发生恋情，导致莎拉怀孕，生下来的孩子正好是人类领袖乔恩。

刘慈欣：“未来战士，它是形成了一个因果环——过去和未来。当时这个人类战士知道这个情况以后，又派了一个保护者，去保护他的母亲，消灭那个机器人。结果这个保护者和他的母亲发生爱情以后，他们生下的孩子恰恰就是未来人类的首领，所以说这是让人很迷惑的因果环。”

不管是科幻电影还是我们真的可以回到过去，我们都会碰到这样一个逻辑上的难题。假如你遇上向未来战士那样的情况，有人为了阻止你的出生，回到过去杀掉你的母亲，你赶过去阻止了。但是杀手组织会再派人杀死你的外祖母，即使你也阻止了，但是你可能阻止不了你外祖母的外祖母被杀。即使你阻止了几万年前甚至从人类出现时的祖先被杀，追根溯源在生命之树发展的任何一个时期与你有关的发展源头，有一个环节被毁掉，你就根本不会存在，怎么可能还会回到过去阻止任何事情发生呢？而且，假如你像《回到未来》电影里面一样，被你母亲爱上，并且逃脱不了结婚生子的命运，结局又会是怎样呢？

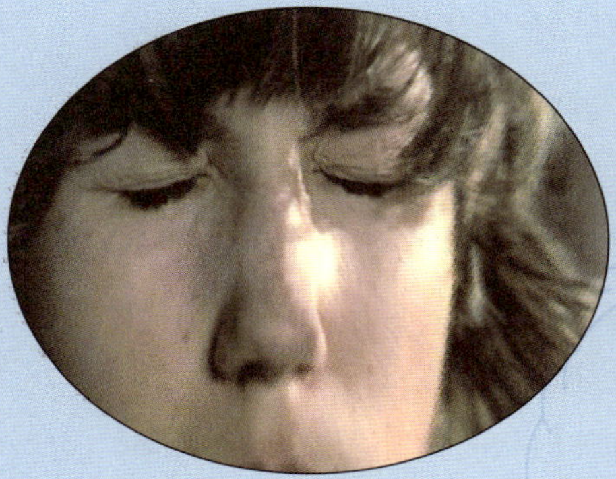
热衷于科学实验的少年

江晓原：“关于这一点，像霍金、索恩这些人，他们经常在讨论这个问题，你如果能到过去去旅行，你就有两种选择，一种是你能够干预历史，一种是你不能干预历史。霍金是倾向于认为你不能干预历史，你为什么不能干预历史呢？霍金没办法给出理由，他也不能解释，霍金的说法是物理定律一定会阻碍你干预历史。《12 猴子》里就是不能改变历史的。”

影片《12 猴子》是美国于 1995 年拍摄的一部科幻电影。

公元 2035 年，自从世界在 1996 年被一种致命病毒侵袭之后，整个人类陷入萧条。为了改变这一情况，科学家科尔由 2035 年穿越时空回到 1996 年追查当年病毒扩散的原因，科尔来到病毒的发源地——费城。他找到了病毒学家凯瑟琳，并通过怪异的图案追踪到了携带病毒的罪犯。然而就在成功阻止罪犯的转世、魔法、神物、时间机器、时空隧道、外祖母悖论、平行宇宙以及虚拟世界，这一切一切的出现，都源自我们人类对穿越时空，改变自己、历史、未来命运的终极梦想。

时候，科尔被赶来的警察打死，最终也没有改变病毒爆发的命运。

江晓原："霍金认为物理定律会制止你的，你外祖母一定不会失足落下去，你就是推她她也不会下去，按照霍金的理论是这样。这是一种。另一种认为，你是可以干预历史的，一切都可以重来，作为科幻电影的编剧和导演，毫无疑问，他们喜欢可以改变历史这一点。因为只有能干预历史，故事才能往下编，它才好玩。"

其实我们真的能够回到过去、改变历史的话，结局并不见得就一定比事实好。影片《蝴蝶效应》就是一个以悲剧收尾的干预历史的生动例子。伊万这个有着不幸童年的大学生，在小时候经历了一系列糟糕的事情，损坏了他原本完美的人生。孩童时的那些可怕记忆残留在他的脑海里，缠绕着他现在的生活。伊万通过记事本找回了记忆，这些记忆让他察觉到了自己的过错，并因此失去了几个好朋友。于是他千方百计通过具有时光穿梭功能的日记本让自己回到过去试图修改那错误的历史，从而改变现在。

但是，伊万在过去改变的每一件事，当他回到现在时都发现它们带来了意想不到的结果，而且损害更加严重，事情变得越来越糟糕。为了弥补错误，伊万反反复复奔波于日益混乱的过去与现实之间，试图消除痕迹。但事与愿违，他的所作所为只能再次导致现实世界的渐趋崩溃。绝望的伊万至此才发现，历史并不是只按照设想的那样可以随心所欲地改变。于是伊万只能在"自己"未出生前就结束了自己的生命。

江晓原说："这个电影特别有思想价值的一点是，它强调了如果你回到过去，并且也干预历史了，你能不能控制这个结果，结果是不可控的。这个过程就是蝴蝶效应：一个微小的扰动会导致后来很大的变化，而它最后产生的客观结果，其实不是你希望的。这个主人公反复地回到过去去干预历史，他就是希望改善他现在的状况，但是他每一次干预的结果都是不好的，所以最后他没有信心了，只好放弃了。"

艰难的旅程、错乱的时空、灰暗的结局，这些人们意想不到的状况，也许对每一个对时空旅行充满梦想的人来说，都会造成不小的打击。难道梦想终归是梦想，永远不能实现吗？如果你可以去进行时空旅行，你是选择去还是不去呢？这一系列的选择我们会有答案吗？毋庸置疑，人们即使不能进行实际的时空旅行，但并不能束缚幻想的翅膀。因为科学的发现和幻想的翅膀，已经为拥有梦想的人们找到了一种答案。

3. 平行宇宙

在无数的科幻电影里，我们共同感受了穿越时空，感受历史和未来的神奇的经历，而且我们也似乎随着有关科学技术的发展，看到了我们在现实或未来当中进行时空旅行的曙光。但是一条外祖母悖论，就像铁律一般横亘在我们的梦想面前，仿佛使我们自由幻想的翅膀也难以展翅高飞。那么幻想力丰富的人会抛弃这一充满巨大魅力的永久梦想吗？人们又有哪些高招来破除铁律一样的外祖母悖论呢？别着急，下一部电影又把我们带入了时空旅行的新天地。

李连杰主演的美国影片《救世主》看起来只是一部披着科幻外衣的武打片，但是电影里面设置的时空背景，却也令观众为影片的奇思妙想所迷惑。

在遥远的未来世界，存在着多个宇宙，每个宇宙都有一个身份不同的自己。尤兰这个嗜杀狂人发现每消灭另一个宇宙时空中的自己，就可以获得他身上的能量。于是他通过穿越不同的宇宙时空，杀死了许多个和自己相同的人。宇宙管理机构经过几个宇宙的追逐，终于抓住了尤兰。但是没想到，在审判他时却又被尤兰穿越“虫洞”逃跑。原来他计划杀死最后一个有着警察身份的尤兰，结果他最终败在了另一个自己手下。

江晓原：“能干预历史以后就会有外祖母悖论，因果关系就受到破坏，这个时候怎么样才能自圆其说呢？只有平行宇宙理论能够自圆其说。”

郑军：“电影里面，比较典型的就是李连杰主演的救世主，他把平行宇宙的概念整合得非常好。第一个就是要有许多个宇宙，当然不是无限，是125个。然后，每个宇宙里面的情况，只有微小的差距。”

在影片《救世主》里设计了上百个宇宙时空，在每一个宇宙时空里都居住着若干个同自己一模一样的人，他们有着相同的样貌、相同的身体，微小的差异就是身份和生存环境不同。这若干个人本可以完全不受干扰而在各自的空间里生活。不过，由于当时的科技水平已经可以让人类在各个平行空间中任意穿行，所以像尤兰这样的人也会穿越时空干扰他另外的自己。于是相应的管理机构也就应运而生了。而这个管理机构就是隐含的像铁律一般的宇宙法则，来防止时空逻辑关系被类似尤兰这样的时空旅行者干扰和破坏。

江晓原：“平行宇宙理论告诉你，你回到任何一个时空点上，干预了历史，就意味着展开了一个新的宇宙。在那个新的宇宙里，它是没有你的，因为你外祖母已经失足跌下去了，所以那个新的宇宙里没有你。但是在你原来那个宇宙里你外祖母好好地活着，所以是有你的，这样就能讲通了。”

其实平行宇宙的概念我们在前面也涉及过。还是这张泡沫片，每一个气泡都代表一个时空，也就是一个宇宙空间，它们都各自运行在每个时空。即使一个时空被干预，另外的时空也会正常发展，不受任何影响。也就是说，假如我跑到另外一个时空，即使我在那个时空被杀死，在我现代的时空我也正常地生活。在每一个时空都有一个不同的我。就像电影救世主一样，我现在在这个时空主持节目，在另外的时空我也许在睡觉、吃饭、上网，身份、年龄都有可能不同，主持人、老师、足球运动员都有可能。如此听起来是不是很玄，让人觉得为了解决外祖母悖论，幻想得太离谱了吧。其实它是有着科学依据的。

一道闪光，时间旅行车出现了

刘慈欣：“其实平行宇宙的概念，最初并不是因为时间旅行悖论提出来的，它是来自量子力学，因为量子力学有一个不确定性，就是量子的不确定性。”

平行宇宙概念的提出，得益于现代量子力学的科学发现。在 20 世纪 50 年代，有的物理学家在观察量子的时候，发现每次观察的量子状态都不相同。而由于宇宙空间的所有物质都是由量子组成，所以这些科学家推测既然每个量子都有不同的状态，那么宇宙也有可能并不只是一个，而是由多个类似的宇宙组成。

布朗博士在试验刚刚发明好的时间机器

江晓原：“这个最早的依据出现在 1957 年的一篇量子力学论文中，那篇文章论述实际上有无穷多个宇宙，如果他的理论能成立的话。因为他这个理论是根据量子力学进展而获得的，它是有科学依据的。根据这些进展，要推论出来，实际上可以有无穷多个宇宙，或者说无穷多个时空。或者你说成无穷多个世界，无穷多个历史，其实意思都是一样的。”

其实平行宇宙的概念不光是在影片《救世主》中出现，就是在《回到未来》中，也会经常出现不同时空的主人公相互碰面的情节。光是马蒂就同时出现了 3 个：第一个是整个 3 集从头至尾的那个马蒂 A，马蒂 B 出现在第一集结尾。马蒂 A 重返 1985 年，再次目击恐怖分子枪杀布朗教授，马蒂 B 驾驶时间飞车，在一团闪光中消失了。在第二集里，马蒂 A 重返 1955 年，在舞会上看到另一个马蒂演出摇滚乐。如果不严格推敲的话，那个马蒂应该是马蒂 B。马蒂 C 则出现在未来，是一个循规蹈矩的公司职员。同一时间里出现 2 个或者更多的分身，彼此间又有行为上、后果上的联系，这正代表了时间旅行故事的奇妙之处。

刘慈欣：“科幻中谈到时间旅行，更关注的是它带给人们的那种很奇妙的感受。其中之一就是时间旅行者，他肯定有一种最奇妙的感觉，就是他能见到自己，能见到童年的自己、青年的自己，还有老年的自己，这都是可能的。这个也是时间旅行带给人们的很不可思议的感受之一。”

郑军：“从科学角度讲，现在多维宇宙只存在于理论上，是推导出来的。有一些科幻作家比较敏感，他觉得我从现实中间表现一下多维宇宙，这样他就把长、宽、高怎么样变形，并折叠到现有的一个空间中去，这个就是超级立方体的构思来源。”

随着平行宇宙观念的出现，许多科幻作品开始超越以往对时空的阐释，甚至人为地创造多重时空，以展示不同时空观念的魅力。美国科幻电影《超级立方体》就是这样一部代表作。这个电影系列一共3部，本次向观众讲述的是最精彩的第二部。剧中女主人公一天突然醒来以后，发现自己待在一个正立方体空间中。在它上下左右的六个平面的中央，各有一个洞口，设置着活门，用手触摸便可以打开。当她通过窗口进入到另一空间后，发现还有另外的几个人也和她一样对这个空间不知所措。

慢慢地，这些空间显示了超越三度的奇异性质：从一个空间的侧面洞口钻进去，却来到另一个空间的天花板。两个空间的人对面望去，会发现双方处在不同的时间差里。在他们寻找出路的过程中，不时有奇异的水晶柱、立方框从虚无的空间中出现，杀死这些不幸的实验品。众人开始研究这些莫名其妙的现象。慢慢地，大家意识到，他们正处在一个超级立方体、一个异度空间中。由于是异度空间，所以，人和事件重复发生，死而又生，生而又死，无穷无尽，无始无终。这个无限重复的平行宇宙空间竟然是人为设计的实验工具。陌生、虚空、重复、循环，虽然四通八达但又无路可走，这种令人窒息的迷宫氛围正是当代许多平行空间故事的典型代表。

如果说平行宇宙等时空概念的出现，让人们越来越对时间、空间的观念感觉错乱或者匪夷所思的话，随着网络技术的出现，一种更新的时空观念再次扰乱了人们对时空甚至我们所身处世界的真实判断。这就是虚拟世界的出现。“虚拟世界”是这样一类天地，它像真实世界那样拥有万物：大到日月星辰，小到一草一木。人们置身其中可以做各种事情，也有喜怒哀乐、悲欢离合。但这个世界并不存在，进入这个世界的，也只不过是人的意识。这里面发生的一切故事，都不曾真实地存在过。

与科幻作品中其他背景题材相比，虚拟世界更富有哲学意味。何为真？何为幻？我们的命运是自己掌握还是被别的什么操纵？我想大家在看完下面这部电影后会有自己的判断。

在以虚拟世界为背景的科幻影片中，由美国拍摄的《黑客帝国》三部曲可以说是代表了这类题材的巅峰之作。影片中的男主人公尼奥就职于一家软件公司，他和那个现实中的人们一样过着平静的生活。可最近他总是感觉到自己过着似梦非梦的生活，并且时刻有被人监视的感觉。原来在未来的22世纪，由于地球资源的枯竭以及生存环境的恶劣，实际上这个世界已经不再具备人类生存的条件了。统治者为了安抚人心，便编写了一个叫“Matrix”的程序来管理这个世界，让所有人都生活在梦境中。而事实上绝大多数人并不知道自己生活在一个虚拟的世界之中，生活在一个程序之中。终于有一天，黑客们发现了统治者的秘密，于是破坏整个“Matrix”、摆脱电脑控制的虚拟世界成了他们的目标。而在与虚拟世界的控制者激战的过程中，尼奥却渐渐陷入了虚幻与真实世界的迷茫之中。

利用闪电能量发动时间机器

刘慈欣：“黑客帝国源于一个什么猜测，就是源于信息技术的猜测。我们现在都感觉到，走进一个信息网络里，很像走进一个虚拟世界，现实中有的很多东西，这个虚拟世界中都有。可能出现这么一天：在计算机网络里，我们没有办法分辨身处的到底是计算机网络，还是外面的真实世界。就像我们在梦境中，没法判断我们是在梦里，还是在现实里。”

以往的虚拟世界故事，人物只是偶尔进入虚拟世界冒险，大部分时间生活在现实中。进入和离开虚拟世界都是自主的，内心里对虚与实的边界有着清醒的认识。在《黑客帝国》里，人们从生下来就生活在虚拟世界里，以致完全不知道外面还存在着真实世界。在这里，虚拟世界和真实世界间的界限已经微不足道了。这部电影之所以震撼了全美乃至全球，原因之一在展示梦幻般的虚拟世界与现实世界的同时，也反映了严肃的哲学命题。《黑客帝国》三部曲的出现从某种程度上反映了人类从渴望时空旅行到怀疑自己所处的世界，是一系列

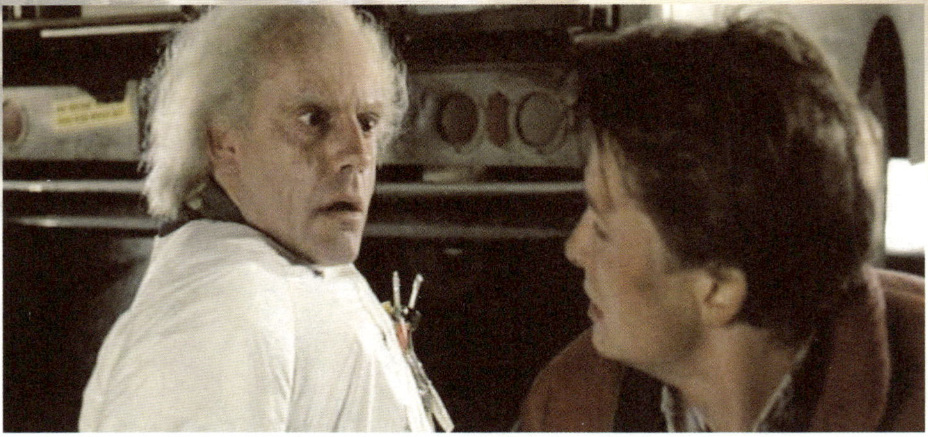

惊讶的布朗博士

时空观念不断发展的结果。

郑军："《黑客帝国》完全是把笛卡儿怀疑论搬到了银幕上。笛卡儿当年写的《第一哲学沉思录》，他就推导出来著名的命题，叫'我思故我在'。我周围什么东西都可以不是真的，但是我正在怀疑这些事情，这个是不能否认的，所以能证明我的存在。《黑客帝国》是这部哲学作品的影视化。"

刘慈欣："科幻电影它是用很文学的一种手法来反映科学的，它只是科学在文学中的投影，所反映的并不是精确的科学本身。"

转世、魔法、神物、时间机器、时空隧道、外祖母悖论、平行宇宙以及虚拟世界，这一切一切的出现，都源自我们人类对穿越时空，改变自己、历史、未来命运的终极梦想。其实不管我们对时空旅行的梦想多么强烈、科学猜想多么大胆、科幻影片多么逼真，这毕竟不是事实，而仅仅是幻想。幻想促生了一部部经典的科幻电影，这些科幻电影反过来又会使人们的幻想膨胀，甚至使人把幻想当作了现实。但是谁又知道，科幻片本身在它诞生之日起便远离了具有现实意义的社会题材，远离了真实的社会矛盾和人性悖论。正如每个时代都有清谈人士和幻想狂徒，在当今世界的科技背景下，人们在高度紧张的生存竞争中，也需要一些超现实的梦境来寄托遐思。科幻无疑取代了过去神话所具有的社会功能，电影俨然成为新的精神放逐地。科幻所创造的幻象使得观众暂时脱离了现实的世界，获得片刻的超脱和升华。纵观科幻电影史，像时间旅行这样久盛不衰、花样不断翻新的题材非常少见。大概，这正体现了"时间"对我们的诱惑力吧。

（张敏）

恐怖的山村

在陕西省南部地区，有一个城市叫安康。2005 年 9 月以来，安康市中心医院陆续接收了七十多个生命垂危的患者。到现在为止，已经有十多人死亡，而且在这些人身上都遗留下了非常恐怖的瘢痕。那么，是什么原因导致出现这么严重的问题呢？中央电视台《走近科学》栏目的记者听到这个消息后，立刻赶到陕西安康地区，想把这件事情弄个水落石出。

1. 恐怖的蜂群

安康的意思是安宁康泰。但是，一场可怕的灾难却突然降临在安康市汉滨区迎风乡。

2005 年 9 月，一个月内安康市中心医院就紧急抢救了 70 多名身体水肿、肾功能衰竭的中毒患者。与此同时，安康市其他医院也出现大量同样症状的患者，伤员中有 10 人经抢救无效死亡，其他患者虽然脱离生命危险，可身上却留下一处处可怕的伤疤。这些致命的创伤到底是怎样造成的呢？

就在大量患者住院急救的同时，惨剧却仍在不断发生。

2005 年 9 月 27 日，安康市汉滨区迎风乡村民张秀英正在地里干活。突然，一群野蜂向她发起了猛烈进攻。她忙用手驱赶着到处都是的野蜂，同时，抓起篮子里的蛇皮袋套在头上；但是，袭击她的野蜂数量却越来越多，张秀英挣扎着起身向家跑去。

突然的袭击让她恐惧万分，谁也不知道到底有多少野蜂在攻击她。一天后，张秀英感到头开始剧烈的疼痛，恶心，全身麻痹，身上出现大面积黑紫色毒包，大小便呈深褐色水状液体。家人连忙将她送到了卫生站救治。两天后，张秀英经抢救无效死亡。

恐怖的袭击并没有结束。

几天后，一个正在为邻居修剪树枝的村民，突然遭到一群野蜂的疯狂攻击，这个村民连忙跳下树来逃命。慌乱中一头钻进不远处的秫秸堆里，才侥幸躲开了致命进攻。事后，身上出现许多黑紫色的毒包。

短短一个月时间，受到野蜂袭击的群众就达上百人，其中 10 人死亡。这些杀人的毒蜂到底来自哪里呢？

每一个遭到野蜂进攻的人都感到钻心的疼痛，脸上都变成了乌黑、青紫，眼睛基本上什么都看不见了。乡亲们连出去摘黄豆都不敢了。

突发的灾难让汉滨区政府感到事情的严重性。他们立刻展开调查，有人想到迎风乡周边有很多人饲养蜜蜂。蜜蜂具有较强的攻击性，而且体内含有蜂毒，那些攻击村民们的毒蜂会不会和这些蜜蜂有关系呢？

来自北京蜜蜂研究所的专家说出了自己的观点。他们认为，蜜蜂主要是采集花粉，它是防御性的，不会去捕捉其他的昆虫，也没有这种让其他昆虫麻痹的神经毒性；而受伤患者体内的毒素远远大于蜜蜂的毒性，身体上出现的毒包和蜜蜂蜇伤的情况也不一样。中毒的村民必须依靠反复透析才能脱离危险，那么，袭击村民的到底是哪种野蜂呢？

安康位于陕西省的南部地区

后来经调查，这种野蜂的窝，被当地老百姓称作“葫芦包”。毒蜂真正的名字叫作“胡蜂”，它们飞起来就像乱飞的苍蝇。胡蜂体形比较大，攻击性强；嘴上的一对大牙可以咬破几层蛇皮袋，最可怕的还是它尾巴上的毒针。让人奇怪的是，为什么这些胡蜂会大规模地袭击村民呢？

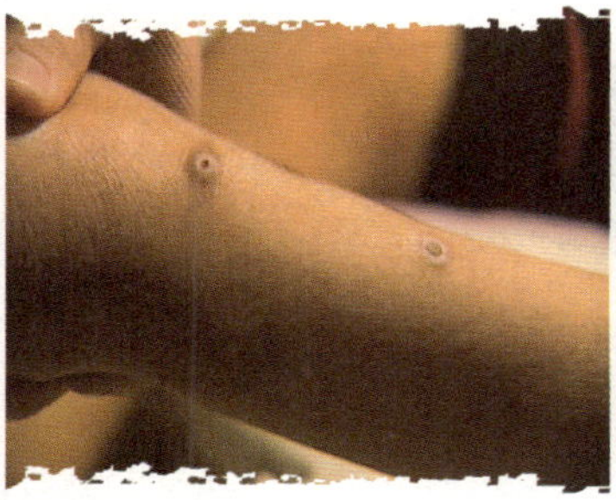

即使幸存下来身上也留下一处处可怕的伤疤

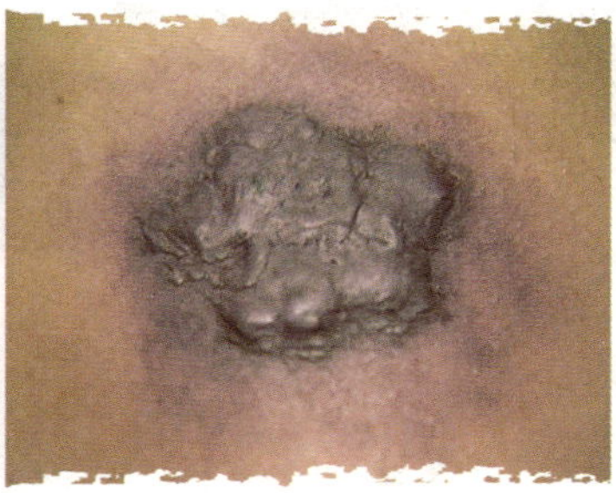

患者身上出现大面积黑紫色毒包

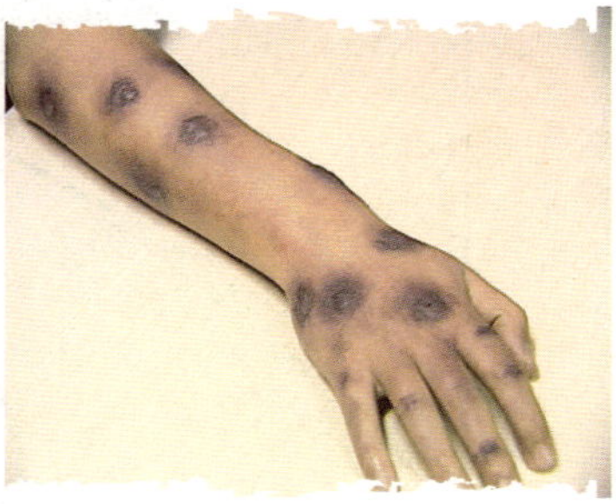

身上青青乌乌的肿块

安康当年起名的意思是万年丰乐、安宁康泰。但是最近，一场可怕的灾难却突然降临在安康市的迎风乡……

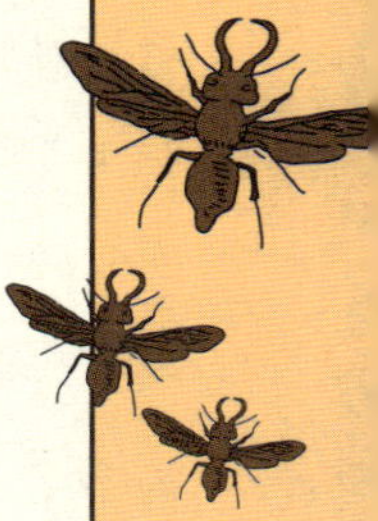

2. 捣毁蜂巢

为了让当地的百姓尽快摆脱毒蜂的威胁，2005 年 10 月 20 日，汉滨区政府、安康市汉滨区消防支队、安康市中心医院紧急组成了毒蜂清剿队。但是，迎风乡是一个山村，茂密的树木和复杂的环境让带有升降云梯的消防车辆根本无法进入。胡蜂的巢穴大都建在 20 米左右的树木高处，消防战士怎样才能靠近致命的毒蜂呢？

医生说，毒蜂的毒性太大了，如果一头牛被 9 只毒蜂蜇了的话，就有可能死亡。对于人来说，一只毒蜂就可能要了命。

当地政府为战士们找来了竹梯，同时，横绑着镰刀的长竹竿和蛇皮口袋也成了灭蜂的重要武器。为了避免被毒蜂蜇伤，战士们特意换上了胶皮防护服，袖口、领口等容易被胡蜂侵入的地方也全都进行了仔细检查。

为了能近距离地接近毒蜂，记者也换上了密不透气的胶皮防护服。但是，胡蜂的毒针很长，几层厚的衣服据说都能被毒针扎透，这些防护服能否抵挡住这可怕的毒针呢？

胡蜂尾部的毒针好比医院里的注射针头，一旦胡蜂尾巴的毒针刺进人体内，它就会迅速通过毒腺来分泌毒液，这些毒液进入人体之后，就会破坏血液系统、神经系统，导致心、肾功能性受损。而且，更可怕的是，胡蜂它不像蜜蜂，蜜蜂因为它本身刺上有一个倒钩，进入人体后，拔出来的时候它会连带毒囊一块被拽掉。可是胡蜂的毒刺并不是这样的结构特点，而是进入人体后还能够自己迅速地拔出，以备下次使用。

面对一个一个很恐怖的“葫芦包”，消防战士的这次清剿行动能不能成功呢？记者跟随消防战士一同经历了剿灭胡蜂的行动。

第一个蜂巢的目标在一棵 20 多米高的树上。战士们穿上防护衣服，准备好了很长的钩镰刀和梯子，战士开始爬树了。蜂窝就在头顶正上方，那棵树枝因为比较细，承受不了人的重量，所以要先爬上树去，把那根树枝砍断，这样就能把整个蜂窝打掉。

毒蜂可能感觉到了有人过来，从窝里开始向外飞了。战士们开始拿竿子挑这个蜂窝了。这个竿子前面是一个镰刀，要砍断蜂窝连着的树枝，蜂巢掉下来了，篮球大小的一个毒蜂窝摘下来了。这时候，必须迅速装进麻袋里，还得再套一个麻袋。因为毒蜂很厉害，一层麻袋有时候根本挡不住，它还会跑出来。

清除蜂巢非常重要。因为胡蜂对于巢穴的依赖性很强，一旦巢穴遭到破坏，残余的胡蜂就会远离这个危险的筑巢地点向山谷丛林里迁移。

战士们把蜂巢捣烂后迅速放在土坑中掩埋，胡蜂的生命力很强，要想彻底消灭蜂巢中的毒蜂，只有挖坑深埋或者用火焚烧。但是，接下来要想清除更大的蜂巢，战士们利用现有的工具能成功吗？

以消防队员为主的毒蜂清剿队

第一个蜂巢摘得比较顺利。战士们穿的防护服密不透气，捂得很难受。第一个蜂窝里面大概有五六千只毒蜂。

在不远处的山坡上，还有一个更大的毒蜂巢穴。此时，时间已经接近中午。这时正是胡蜂最活跃的时间。根据专家介绍，这样大的蜂巢里大概有上万只毒蜂存活。现在有一些毒蜂从窝里飞出来了，好像这些毒蜂已经感觉到人在逼近它们。

在离这个蜂窝 20 米左右的一棵柿子树上，还有一个和这个蜂窝体积、大小相似的蜂窝。冬天天冷以后，因为柿子比较柔软多汁，所以成为毒蜂的主要食物之一。胡蜂为了抚育后代和增加自身热量，柿子等一些含糖分高的水果是它们主要的食物。

胡蜂群主要是由蜂王、雄蜂、工蜂组成，那些袭击村民的恐怖杀手究竟是谁呢？

在随后的行动中，栖息在这棵柿子树上的毒蜂会不会发现我们，对战士们发起进攻呢？

毒蜂生存的环境因为离人比较近，所以，它对声音、颜色等各方面都比较敏感。一旦它感觉到有外敌入侵，就会马上组织更多的蜂群来攻击。这个毒蜂巢穴大概是我们第一个摘除的目标体积的 3 倍，明显比那个大很多，颜色也不一样。我们不知道一旦摘除这个蜂窝，旁边的那窝毒蜂会不会过来支援？这两个蜂窝的距离实在是太近了，直线距离也就是 15~20 米。

在胡蜂家族里，工蜂占 99%，雄蜂占 1%~2%，蜂后仅为每万只中 1 ～ 2 只，整个蜂窝主要是由工蜂组成。工蜂也是雌性，但它不能产卵，产卵的事情主要是由蜂后来完成，工蜂负责捕食和保卫整个群体的工作。

在梯子向树上靠的时候，野蜂明显就多了，它们已经感觉到这个树枝的颤动，甚至有两只毒蜂已经飞到摄像机前面来了。这窝毒蜂明显感觉比上一窝毒蜂要厉害。记者的身边也有好几只毒蜂，大约有 20 只的毒蜂在盘旋。这棵树的树枝很细，战士离这个蜂窝还有 1 米多远，身穿防护服，行动起来不是很方便，手也不好伸展，腿、靴子、衣服都连在一起，呼吸起来也比较困难。

大量的胡蜂飞出来了，战士开始砍那个树枝，他准备连这个蜂窝一起把这个树枝砍断，因为再往上爬就没法站了，现在战士身边全是毒蜂，大概有上百只毒蜂围着这个战士。大家都非常害怕，真正体会到了毛骨悚然的感觉。越来越多的毒蜂在往上扑，战士掰断了树枝。终于，蜂窝掉下来了。记者从战士手里接过一半蜂窝，这个蜂窝里全是毒蜂，再掰开一层看一下，里边全是比较大的毒蜂，应该是它的幼虫。胡蜂的巢穴巨大，但分量却非常轻，因为里面都是空心的。蜂巢里整齐地排列

一个蜂巢里面大概有五六千只毒蜂

一个篮球大小的毒蜂窝

胡蜂

胡蜂与幼虫

毒蜂巢穴

着一层一层的蜂房，灯光下的蜂巢仍让人感到不寒而栗。

但是，我们却没有发现这些胡蜂的头领——蜂后，它究竟隐藏在哪里呢？

蜂后跟稚蜂外形上区别不是很大，稍微长一点，没有像蜜蜂跟蜂王那样有明显的区别。把这个蜂窝掰开，我们能看到有一些黑色的像蛹一样的东西在里面，这可能就是它蜕掉的壳，也就是我们俗话说的葫芦包的顶。其实它上面有一个很细的东西在连着，一旦把它砍断，蜂窝就掉下来了。

战士们穿上防护服

一个胡蜂一年能产12万只卵，一般10~20天虫卵就变成成虫了，我们叫稚蜂。稚蜂的寿命可以活到好几个月，有的能活到1年。胡蜂窝春天以后群体就不断地扩大。

战士们用竿子挑蜂窝

趁着不远处的那窝胡蜂还没有太大的反应，战士们迅速把巨大的蜂巢弄碎，塞进准备好的编织袋里。在行动中，胶皮防护服虽然笨重，但它的确抵挡住了胡蜂致命的毒针。可是整个过程中，我们始终没有发现蜂后，也许在蜂巢掉落的时候，狡猾的蜂后已经逃跑了。

战士们迅速把捣碎的蜂巢用土掩埋起来，并把掩埋表面压实。

3. 疯狂的诱因

在消灭胡蜂的过程中，我们也不得不去思考一个问题，既然胡蜂的主食是昆虫，那么它怎么会转而对人类进行攻击呢？这其中到底隐藏着什么样的秘密导致它出现这样的变化呢？

这个毒蜂巢穴大概是第一个蜂巢的3倍

安康市周边种植着大面积的果树，这就为胡蜂提供了丰富的食物来源，当村民们采摘果实、修剪果树时，胡蜂就会认为这是在抢夺它们的食物或威胁它们的巢穴。于是，胡蜂开始对村民们发起了进攻。

但是，如果将胡蜂全部消灭，安康又将面临另一场灾难。如果大规模地灭杀胡蜂以后，我们的森林就没法受到保护了，森林害虫就要大量繁殖，比如说松毛虫。松毛虫的天敌就是胡蜂，如果天敌没了，松毛虫就会到处蔓延，只有胡蜂才能控制它。

胡蜂是松毛虫的天敌

为什么胡蜂灭虫作用这么重要呢？众多的鸟类不是比小小的胡蜂更能消灭害虫吗？

胡蜂一窝是多少只啊！如果一只胡蜂吃一条，那就是几万条，所以说，主要还要靠胡蜂来控制它们的繁殖。

在随后的一周中，消防战士清除了对村民威胁较大的29个胡蜂巢穴。但是，胡蜂是森林的保护者，不能完全杀灭。我们只有利用它筑巢的特性，将村庄附近的蜂巢清除，迫使胡蜂在远离村民的山林中生活。在村庄和胡蜂之间形成一

战士身上的胶皮防护服密不透气

蜂巢里整齐地排列着一层一层的蜂房

主食是昆虫的胡蜂

条安全的隔离带才能与胡蜂达到和平共处。

这场特殊的人与胡蜂之间的大战的确是让人觉得惊心动魄。不过，现实也逼迫我们不得不停下来仔细思考一下。在这种情况下，人与自然、自然界中的其他生物，该怎样平静地相处?

胡蜂原本是杀灭害虫的一个非常有效的生物防治手段，但是一旦当它的活动领地和人的活动领地发生冲突的时候，就会上演这样一幕惨剧。专家告诉我们说，在这种情况下，要防止胡蜂明年再来危害人类的话，除了捣毁蜂巢之外还有一个办法，就是等它们离巢越冬之后，去寻找它们的藏身处。这样的藏身处往往是在背风阴暗、相对比较温暖的石缝或者是猪圈等处，这时我们只要撒点农药，或者用烟熏，或者是用火烧的办法，都能达到杀灭胡蜂的目的。

（李瑛）

碎片锁凶

一位老人惨死于车祸，现场没有任何刹车痕迹，是蓄意谋杀还是意外的车祸？

一堆案发现场的散落物竟然属于两起事故，又该如何锁定真凶？

1. 104 国道发生车祸

事情的经过是这样的：一位老人骑着三轮车走在 104 国道上，突然，一辆机动车迅速出现在他的身后撞倒了他……据事后了解，这位老人家今年已经 68 岁了，他之所以会出现在国道上，是因为 2 月份的这天早晨，老人起了一个大早，到自己的菜地里摘了两筐白菜，准备送到县城去卖掉，然后当作零花钱。真是天有不测风云，就在 104 国道上，一辆机动车迅速地向他冲了过来。老人和机动车发生了一次非常惨烈的相撞，那么老人的生命到底能不能够保障？这起车祸到底又是怎么发生的？撞他的机动车到底是一辆什么车呢？

一辆已经扭曲变形的三轮车

当天 6 时 15 分，事故发生之后，新昌县交警大队接到群众报警，值班民警火速赶赴现场。现场有一名老年男子倒在地上，经判断已经气绝身亡。一辆三轮车已经扭曲变形，两筐蔬菜侧翻于三轮车不远处。

浙江省新昌县公安局交通警察大队副大队长张益民回忆："接到报警以后我迅速赶到了现场，看到一个老人倒在地上，已经死亡。由于案发时间太早，并没有发现任何目击者，现场也没有留下肇事车辆刹车的痕迹。根据我的经验判断，这是一起恶性的交通逃逸案。"

一般情况下根据现场遗留的刹车痕迹和散落物，民警们就能判断出肇事车辆的车型和具体特征，根据这些特征去寻找肇事车辆。但是，这起事故现场竟然没有留下任何刹车痕迹，所以很难判断肇事车的车型。这一点极其不符合常理，难道这是一起蓄意的杀人案吗？民警们感到了案情的重大。

2. 两轮摩托车肇事？

由于没有刹车痕迹，民警们只能把注意力集中到现场的散落物上，经过仔细寻找，现场发现了很多碎片。但是，很难判断这些碎片到底是什么。民警们决定把散落物全部搜集起来，带回去再仔细辨认。

民警们把散落物带回办公室后，马上对它进行分类，然后再进行拼接。试图通过这个办法还原散落物本来的面貌。如果顺利，很快就能知道肇事车辆的具体特征。果然，过了一会，民警们就拼接出了一个类似摩托车部件的东西，经过比对，发现这个部件是两轮摩托车的大灯外罩。

交警接到报警以后迅速赶到了现场

不过，这个进展却让民警们感到非常困惑。

浙江省新昌县公安局交通警察大队事

故中队长钱辉是这样解释的："现场出现了一个摩托车的大灯挡风外罩。从我们以往的经验来看，我们这里两轮摩托车发生事故的概率比较高。在平时的事故当中，如果发生碰撞的话，它所留下的痕迹相对比较小，而且比较集中。然而这起事故中，被撞的人力三轮车上所留下的碰撞部位面积比较大，所受的力量、力度都比较大，所以说又不相符。"

到了这个时候，案子的侦破已经陷入了一个僵局。

从被撞击的三轮车的受损程度分析，肇事车辆不可能是两轮摩托车，根据民警的经验，两轮摩托车不会有这么大的撞击力量。但是，现场的散落物分明又是两轮摩托车上的部件，这是怎么回事呢？民警们百思不得其解。

就在一部分民警辨认散落物的同时，另外一组民警正在走访附近的居民，希望能找到案件的现场目击者。然而，几天下来，没找到一个目击者。不过，附近的居民却告诉了民警另外一件事情：在事故的发生地点，3天前还另外发生了一起摩托车翻车的事故，那辆摩托车留下了很多散落物。

由此，可以解释为什么在车祸现场搜集的散落物里面掺有与本案无关的两轮摩托车的碎片。然而正是由于这

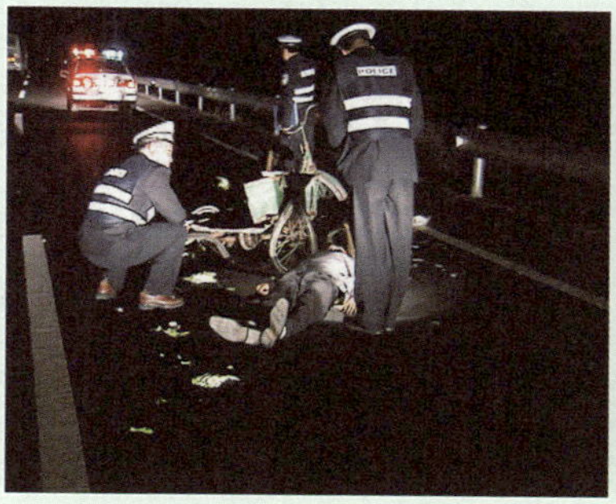

交警发现一个老人倒在地上已经死亡

两筐蔬菜侧翻于三轮车不远处

一般情况下现场都会有的刹车痕迹

根据刹车痕迹民警们能判断出肇事车辆的车型和具体特征

民警可以根据这些特征去寻找肇事车辆

民警们把注意力集中到现场的散落物上

民警经过仔细寻找，在现场发现了很多碎片

个巧合，使这起案件变得更加复杂，民警们收集的这些散落的碎片有多少是有与本案有关、有价值的呢？一时间，人们感到案件的侦破像是陷入了重重迷雾。

3. 发现玻璃钢碎片

抱着一线希望，民警开始仔细搜索死者仇某车上散落的白菜，这是唯一能确定和本案有关的散落物。很快，一小块白色的碎片出现在民警的面前，这是一小块玻璃钢碎片，民警认为，这块碎片一定是肇事车辆留下的。

钱辉分析以后这样认为，从当时事故的形态来看这场车祸应该是一起追尾事故。那么，根据作用力的原理，其中牵扯的物体碎片应该是朝前抛的。加上现场勘查以后的线索，发现三轮车上的菜筐没有被撞翻，菜筐里面如果有物证留下的话，应该就是肇事车辆的。

在案发现场，民警们也曾经找到过类似的散落物，经过比对，发现两者的材质非常相似。然而，让人沮丧的是，这些碎片并不能拼接成一个完整的形状，因此很难辨认出这些碎片究竟是什么车辆上的部件。

民警们决定带着这些碎片到汽车修理厂和配件商店去询问，看看修理厂的工程师和配件商店的老板他们能否给出答案。他们走访了全县所有的汽车修理厂和配件商店。然而令人失望的是，没有人知道这些碎片是什么。

既然不能从形状上看出这些碎片是什么东西，那能不能从材质上分析呢？

民警们开始带着碎片寻找各种车辆进行比对。他们发现，农用车上的玻璃钢材质都比较薄，小轿车上基本没有玻璃钢材质，这两种类型的车辆都可以排除掉。

排除的车型越多，剩下的车型的嫌疑就大。民警们相信，只要通过认真比对就能够寻找到肇事车辆的一些具体特征。但是天算不如人算，在接下来的比对当中，民警们发现虽然只有大客车、中型客车以及大货车这几个车型没有进行比对了，但是这三种车都有这种玻璃钢材质的零部件，而且这三种车的玻璃钢材质的零部件的密度、厚度，还有材料本身的一些特点，都和在案件现场发现的那个零件基本相近，所以头绪一下子又没了，这样的排查并不能够证明到底是什么车型犯的案。于是，案件的调查工作又陷入了僵局之中。

因为两起事故地点发生了重合，使得民警们很难判断哪些散落物是有价值的。好不容易从被害者的菜筐里寻找到一小块玻璃钢碎片，原本以为可以通过它排除一些车型的车辆，但是，却发现中巴、大客车和大货车都具有相同材质的玻璃钢部件，仅仅在新昌县，这几种车辆的总数就有一千多辆，而且很多都在运营的路上，如果逐个去寻找是不可能的。肇事车辆究竟是什么车呢？

4．看似无关的散落物

无奈之下，民警们只能把全部希望再次寄托在现场的散落物上，希望能够从这些碎片中再次找出蛛丝马迹来帮助了解案情。

很难判断这些碎片到底是什么

经过仔细查看这些零零碎碎的散落物，一个以前被大家认为是摩托车配件的小物体再一次引起大家的注意。经过拼接，人们发现这个散落物上有一个“笛”字，这究竟是个什么东西呢？没有人知道。带着这个小部件民警们再一次走访了配件商店，很快，

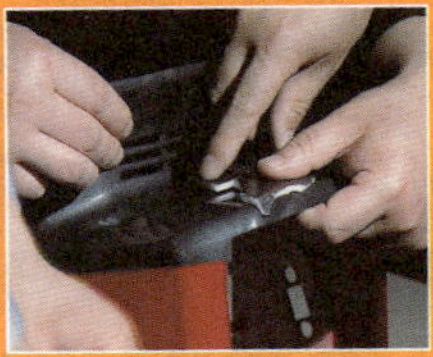

民警们把散落物带回办公室

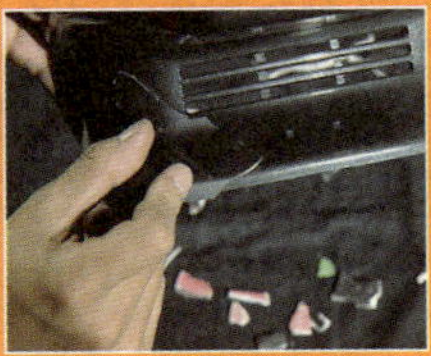

民警们马上对散落物进行分类

试图通过拼接的办法还原散落物本来的面貌

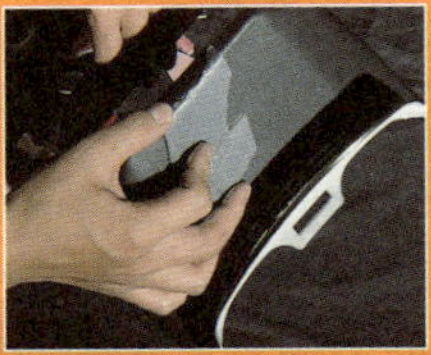

民警们拼接出了一个类似摩托车部件的东西

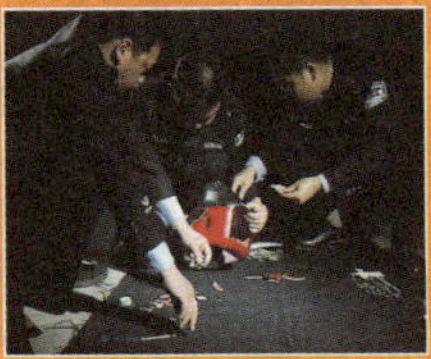

经过比对，民警们发现这个部件是两轮摩托车的大灯外罩

一个配件商店的老板就认出了这个配件的真实身份——这是一个“金笛”牌的汽车喇叭，并且，这种喇叭只有大型车辆上才有。

钱辉听到汽配店的老板说这个是汽车喇叭的某个部位的时候心里很高兴。因为这个老板的话证明了这个部件是大型车辆上的，至少可以排除小型车辆肇事的可能性，那剩下的范围就大大缩小了。大货车、大客车，两种车型肇事的可能性就比较大了，对他们的调查工作有很大的帮助。

现在，案件的侦破终于得到明显的进展，初步确定肇事车辆为大型客车或者货车。民警们立刻来到收费站调取当天的录像资料，想通过查看收费站监视录像，寻找带有撞击伤痕的大型车辆。但是，民警们很快发现，这个办法难以奏效。

张益民发现出事的那天刚好是一个大雾的天气，高速公路全线封车，车辆全部通过 104 国道，也就是说所有车辆全部都通过现场。

经过初步测算，民警们要查看 5 000 辆大型车辆的图像资料，可能需要 10 天的时间。然而，肇事司机极有可能在这段时间里改装车辆，甚至把车辆销毁，那样，就会很难认定犯罪事实。能不能想办法缩短查看资料的时间呢？

5. 三轮车上的绿色痕迹

民警们把注意力集中到了事故现场最大的散落

物——三轮车上面，经过仔细寻找，他们在碰撞点上发现了一点绿颜色的划痕，而且，这个划痕的颜色和现场散落在地面上的一些漆片的颜色非常像，这会不会是肇事车辆留下的呢？

民警们在被撞的三轮车上发现了一种浅绿色的痕迹，并且可以看到在痕迹的周围，绿色颜色非常深，而中间这一点给人很艳绿的那种感觉。另外在事故发生地，也发现了这种绿颜色漆的残片。但是，是不是根据这个民警们就能说撞老人的那辆肇事车辆它本身带有绿颜色的部分呢？

还不能这么讲，为什么呢？因为就三轮车身而言，车身上这个浅绿色的痕迹有可能是以前就撞上去的；另外地上的残片有可能是上一次事故留下来的，因为在这个地方在这起事故发生前几天也曾经出过一起事故。所以说警方不能简单地根据有两处带有这种绿颜色的漆片，就判断那辆肇事车辆具有绿颜色的部分。

案件的侦查时间已经有一周了，虽然已经通过汽车喇叭知道了肇事车辆是大型货车或者客车，但是，因为案发当天高速公路被封闭，大概有 5 000 辆机动车经过了事故地点。因此，必须进一步了解肇事车辆的具体特征。紧接着，民警们在被害者的三轮车上发现了绿颜色的划痕，然而却很难认定这就是肇事车辆的。难道就没有其他什么办法吗？

钱辉他们通过仔细的勘查，在被撞的人力三轮车上发现了黏附的绿色油漆；也从地面上提取了一些油漆的碎片，但它是否是同一车上所留下的呢？都不能肯定。这辆人力三轮车，也有可能在事故发生前曾经发生过刮擦，或者碰撞。那么在肇事的地点，也有可能有其他车辆所留下的油漆片，怎么办呢？只有通过鉴定。如果人力三轮车上提取的油漆片与地面所提取的油漆片是属于同一种物质，鉴定的结果是一致的话，就可以肯定人力三轮车上的油漆片就是肇事车所留

在事故发生地，3天前还另外发生了一起摩托车翻车的事故

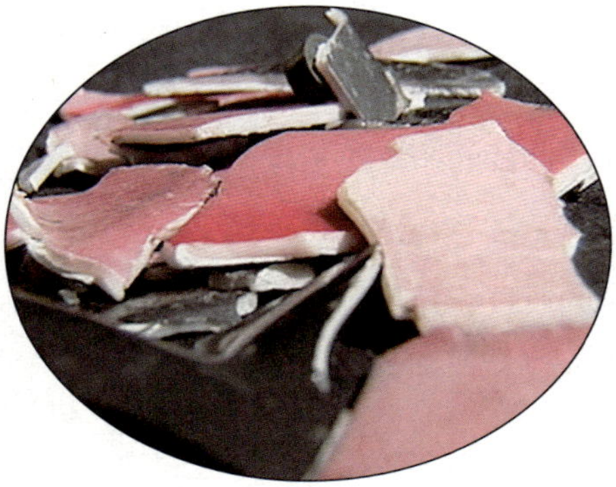

现场民警搜集的散落物里掺有与本案无关的两轮摩托车的碎片

下的。

民警们决定把三轮车上的划痕和地面上的油漆片进行科学鉴定。他们把地面上的油漆片和三轮车上的划痕一起送到了浙江省刑侦总队。同一颜色的油漆因为生产厂家不同、喷涂时配方不同，成分也不一样。如果鉴定结果证明两处的油漆成分一致，那么就可以说明油漆片确实为肇事车辆所留。

鉴定专家小心地提取了三轮车划痕和漆片上的一点油漆；然后，把这些油漆放进谱仪进行物质成分的分析，分析结果显示，两处油漆的成分是一样的。

浙江省公安厅刑侦总队高级工程师楼寿松分析说不同的油漆，它的元素组成是不一样的。即使元素组成一样，它每种元素的含量也是不同的。这个案件里面两种送检的油漆，不但元素组成一样，都是由硫、氯、钾、铜、锌元素组成，并且每种元素的含量都是相同的，所以推断这两种油漆是同一种油漆。

结合鉴定结果，民警们认为，肇事车辆应该是带有绿颜色的大型客车或者货车，司机们一般很少把车喷涂成绿颜色，这个鉴定结果大大缩小了嫌疑车辆的范围。

6. 目标肇事车锁定

钱辉分析了一下，根据本地的习惯，绿颜色的车也是比较少的。民警们的集中点也可以放大到过往车辆上面，这也给侦破确定了一个目标、一个方向。

民警们从收费站那里调取了事故发生当天的录像资料，从这些资料中重点寻找带有绿颜色的大型车辆。很快，一辆保险杠为绿色的大客车出现在民警眼前，民警认为这辆车有重大嫌疑。

浙江省新昌县公安局交通警察大队民警黄海江注意到，当天这辆车通过的时候正是天黑的时候，但是这辆车的一个大灯不亮，还有挡风玻璃也有问题，右侧挡风玻璃破损，右前角那个保险杠也明显地损坏。按照一般常理来讲的话，一辆大型客车的安全性能要求是比较高的，不可能在这样的损坏状态下还在继续行驶。另外，从监控录像中可以看出这个保险杠是绿色。

根据嫌疑车辆的牌照号码，民警很快就调查到这是一辆安徽省池州市的大客车。为了不惊扰肇事司机，民警们赶到池州后先找到肇事车辆，发现肇事车辆已经经过修理，民警们又在当地的一家修理厂找到了被更换下来的汽车保险杠，保险杠上的撞击痕迹与民警们之前在监视录像里看到的一致。在强有力的证据面前，肇事车辆的司机纪祥投案自首并交代了肇事经过。

一小块白色的碎片出现在民警的面前

这些碎片并不能拼接成一个完整的形状

经过拼接，人们发现这个散落物上有一个“笛”字

这是一个“金笛”牌的汽车喇叭

现场有一名老年男子倒在地上，
经判断已经气绝身亡。
一辆三轮车已经扭曲变形……

肇事司机纪祥说起案发经过：“我是空车回来的，回到104国道的时候，因为是一个人驾驶，当时很疲劳，迷迷糊糊的。”

持续驾驶已经超过13个小时的纪祥，打着瞌睡在国道上高速行驶。一声闷响把他惊醒，他知道可能撞到了什么，但是，他并没有立即停车看看发生了什么事情，而是带着侥幸的心理迅速离开了现场。因此，现场没有留下任何刹车痕迹。回到安徽后，纪祥更换了被撞坏的汽车保险杠，停止了营运，并准备出售自己的汽车。让他没有想到的是，就在他的客车还差两天就能转手的时候，民警找到了他，他将为自己的行为付出代价。

事后根据警方的调查才清楚肇事司机纪祥不仅没有停车，而且还是一路狂奔下去。开出了十几千米之后，他做了一件事。他把车停下来，下车仔细检查，看看自己的车有没有什么问题。根据这个情节来判断，他当时肯定是知道发生

初步确定肇事车辆为大型客车或者货车

了什么事情，但是不禁想问他有那个时间下车看自己的车到底出了什么事，难道就不能掉头回来救一下老人吗？试想，如果事发的时候，他能够停下车来打一个报警电话，把老人救起来，或者说真的已经开出十几千米之外了，良心发现，再掉头救老人也许都来得及，也许老人宝贵的生命就保住了。可他没有这么做，原因只有一个——就是为了逃避责任，这个司机被警方抓捕之后居然还在那儿抵赖、狡辩，企图否认自己的罪行。

想一想，一个老人的生命，居然就是因为一个人为了逃避责任最终离开了人世，真是令人扼腕叹息。幸好，有句话叫“天网恢恢，疏而不漏”，一块差点被忽略的碎片竟然是最后查出真凶、将他绳之以法的关键，让人称绝！

（隋德龙）

民警们在被撞的三轮车上发现了一种浅绿色的痕迹

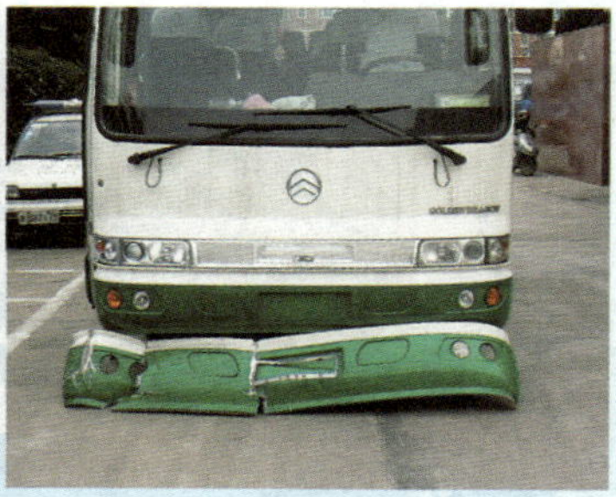

保险杠上的撞击痕迹与民警们之前在监视录像里看到的一致

20 张白条的秘密

110 万利息款神秘蒸发，几经搜寻，只剩下 20 张白条；
一场银行血案，两人被杀，一人重伤。
110 万消失的利息款与这桩血腥大案之间有无联系？
在这 20 张白条中究竟隐藏着怎样的罪恶？

1. 110 万去向不明

有两张白条内容是一致的，都写的是发放午餐费 1 万元，当然仔细看看，它们还是略有不同。不同就在一个数字上，这两张白条发放的年份，一个是 2006 年，另一个是 2001 年。这两次发放午餐费的时间相隔了 5 年。但是一般的笔迹鉴定只能鉴定书写的人，如何鉴定书写这两张白条的时间呢？1999 年重庆市双桥区的检察人员就遇到了这样的一个棘手案件。

检察机关检查双桥区工商银行

1999 年 1 月，有群众向重庆双桥区检察院举报，称双桥区工商银行有人侵吞公款，存

银行有关人员用白条证明款项的使用并无任何问题

在重大经济问题。检察机关接到举报后立刻行动，他们将双桥区工商银行所有开支的账目带回检察院进行检查。在仔细核对了账目后，检察员们并没有发现任何问题。奇怪，难道举报有误？

检查人员将双桥区工商银行所有开支账目带回检察院进行检查

检察员立即调整侦查方向，重新调查与双桥区工商银行有资金往来的所有客户。很快他们就发现了一条重要的线索。生产重型卡车的四川汽车制造厂是双桥区工商银行的资金大户。从1994年起，工厂向双桥区工商银行多次借贷。检察员们将四川汽车制造厂的资金账目和双桥区工行的收支账目进行核对后，发现有一笔款项数额巨大，去向不明。

刘洪汉（重庆双桥区检察院侦查监督科科长）："这笔款项是当时银行的拆借资金，转贷给四川汽车制造厂，而拆借资金有一笔利息款，这一笔利息款是还贷给重庆市工商银行后的一部分差额，被他们私人'保管'了。"

检察员们经过反复核实，发现1994年3月四川汽车制造厂有一笔支付给双桥工行的利息，高达110万元，这笔款项在双桥区工行的账上却没有任何记载。负责收纳利息款的双桥区工商银行会计科副科长任静存在重大经济问题。

刘洪汉："我们当时采取的措施就是询问当事人，当事人对这一笔收支明显有差距的款项无法解释，我们初步认定她有侵吞这笔款项的可能，就采取了强制措施，拘留了当事人。"

在事实面前，任静很快交代：1994年3月四川汽车制造厂确实支付给双桥工行一笔110万元的利息款，但这笔利息款经当时行长黄华的安排，以临时存款的名义转入该行储蓄所买成大额存单。但在清查这些大额存单时，检察人员发现，存单上的钱早已被全部取走。这110万元究竟到哪里去了？检察人员再次对任静进行审查，她供认了利息款的部分去向，称买车用了30万元，买奖品用了30万元，办公室主任以领发职工奖金的名义领走29万元。奇怪的是调查中工行职工表示从未收到过这笔奖金，而且至少还有20余万元，任静说不清楚去向，神秘地从账户里蒸发了。

刘洪汉："这一笔款项作为公款的话，就应该有公开的开支记录。这一笔款项是个别人在开支，我们认为它不正常，就询问当事人，她回答我们时支支吾吾的，而且支出的款项和收入的款项不相吻合，相差不少。"

面对检察人员的反复追问，任静声称时间太久，已经完全不记得。于是检察人员决定对曾参与利息款分配的工行办公室主任叶长生进行调查。没想到就在这时却发生一场可怕的血案。

1999年的1月15日早上8点30分，刚执行完押款任务的双桥区工商银行保卫科干事王然云，突然用枪将办公室主任叶长生夫妇当场杀害在储蓄所门口。接着他又返回工行办公室，连发两枪，将保卫科科长宋世杰打成重伤。枪响后，双桥区工行一片大乱，而王然云则躲进银行金库。重庆市公安局特警大队紧急出动，4个小时后，当特警破门而入时，王然云早已开枪自杀。

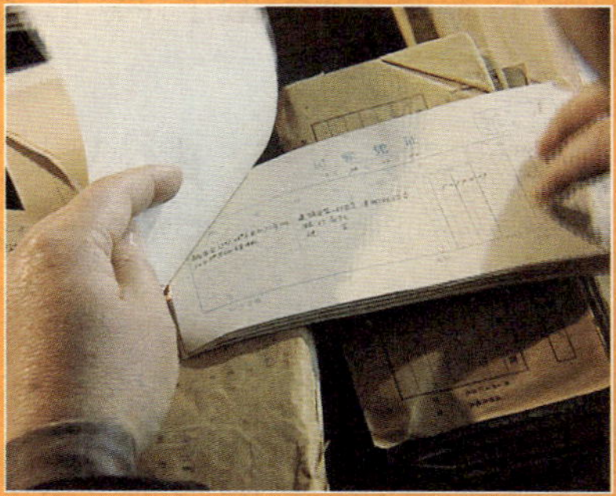

检察员们发现有一笔巨额款项去向不明

据当时参加现场勘验的民警介绍说，在现场除提取到几枚使用过的"五四"手枪的弹壳之外，没有留下任何物证痕迹，这个案子一瞬间就变成了一个无头案，因为案犯已经自杀了。但是办案人员发现，这其中最蹊跷的是两名死者是办公室主任叶长生夫妇，他们正好与一笔29万元的利息款有关。检察人员正准备对他们进行讯问，没有想到，两人却被王然云给杀害了。

负责收纳利息款的双桥区工商银行会计科副科长任静存在重大经济问题

银行保卫科干事突然将办公室主任夫妇当场打死在储蓄所门口

这件事情就无法继续追查下去了。一时间，外界就对王然云为什么会行凶杀人，又为什么会开枪自尽这件事情，众说纷纭。有人说这纯粹就是个人的报复行为，因为王然云跟这些人历来就不合，检察人员则认为，这几个人的死，绝不是偶发事件，它肯定是和这笔数目巨大的利息款有关，主要人员都已经饮弹身亡，这件事情一时间迷雾重重，案件陷入了困境之中。

2. 出现了 20 张白条

1999 年 1 月 15 日，就在检察人员正准备对双桥区工商银行展开进一步调查时，工行内却爆发一场血案，3 人死亡，1 人重伤。令检察员们感到意外的是，本案的一个关键证人，曾参与这笔 110 万利息款分配的办公室主任在这次血案中被杀，而当年的双桥区工行行长黄华早在 3 年前已调至重庆市工商银行。现在整个案件的唯一突破口就是会计科副科长任静。但到目前为止，检察员仍然缺少与挪用公款相关的证据。案发次日，检察员再次提审任静。经过艰苦的较量，案件终于有了一个重大突破。

刘洪汉："经过几天的询问，她终于想起了还有一些白条在家里，然后我们到她家里搜查，搜查出来一些条子。就是说她能说得清楚的一部分，确实也开支了一部分，也隐瞒了一部分。"

检察员们从任静家里查到的白条共有 20 张，每张上面写有"支付人员加班工资费 1 万"或是"支付人员午餐费 1 万"。白条上都有经办人任静和黄华的签字。由于黄华是当时双桥区工商银行行长，任静是会计科副科长。只要签上两人的名字，这笔款项支出的手续就算走完了。检察员们合计白条上的金额总计有 233 560 元。任静称所有打白条的钱都发放给了银行的工作人员，但事实真的是这样吗？检察人员决定逐一进行核实。

刘洪汉：“我们展开两方面调查，一方面就是从账上开始，从四川汽车制造厂转过来的钱究竟是多少，一个个核实，核实后发现还差一部分；另一方面根据白条的部分，这边大概登记了 20 张，这 20 张她认为是支出去了，我们通过调查，发现当时这些人没收到那些钱，怎么办呢？”

检察员们开始怀疑，这 20 张白条很可能是伪造的。他们分析，由于检察机关的调查，让当事人有所察觉，他们伪造白条，以逃避检察机关的侦查。查获的 20 张白条，落款时间分别是 1994 年、1995 年和 1996 年，其中 1995 年最多。但在调查这些款项从账户中支取的时间时，检查员们发现了一个反常的疑点：绝大部分款项都是在 1996 年的 5 月 ~6 月份支取的。

刘洪汉：“这一笔款领取的时间在 1996 年 6 月 20 日左右，恰恰是黄华走的时候取的。这些白条的形成，就在他走之前的那段时间。显然这个时间令人生疑，取款时间不对，款子都没出来，怎么就支出去了。”

检察员们立即提审任静。

检察员：“你当时经手的这二十几张白条，是分几次写的，晓不晓得？”

任静：“很多次，记不得了。”

检察员：“分几次写的？”

任静：“记不得了。”

检察员：“是不是用同一种笔写的？”

任静：“可能不只用一种笔。”

检察员：“那是用几种笔写的？”

任静：“记不清了。”

检察员：“你是在一天之内写的还是间隔一段时间写的？”

任静：“肯定有间隔时间。”

检察员：“间隔时间有多长？”

任静：“记不清了。”

王然云躲进银行金库开枪自杀

经过几天的询问，她终于想起了家里还有条子

检察机关继续调查

双桥区工商银行有关人员向检察员交出了20张白条

任静始终说自己记不清了，于是检察人员再次询问她：从写出白条的时间与取款的时间来看，白条时间在前，取款时间在后，为什么公款在没有从账户中取出的前提下，就已经打白条支出了？当事人任静无法回答该问题。任静的供述与事实产生明显矛盾。这时距案发已经过去了整整半年之久。

刘洪汉：“最困难的是压力，这个案子本身不艰巨，但是由于我们在侦查案件时，发生了工商银行内部的枪杀案件。这个案子摆在我们面前，对此案件中是否涉及内部有人报复，这个案子能不能破，不管我们院党组也好，承办人也好，都有非常大的压力。”

3. 书写时间鉴定显神威

案件侦破一时陷入僵局。检察机关决定对此笔公款开支的时间进行鉴定。他们希望能获得这 20 张白条形成的准确时间，只有这样才能让本案的关键证人任静彻底交代有关事实。

重庆市双桥区检察院的工作人员决定把这 20 张白条统统送到专业的检验室去检验一下，看看它们上面标明的这个日期是否是白条真正写好的日期。其实说到这种文书检测的方法，在我们国家古代就有了。在古代人们写字是用墨汁，墨汁里有碳等成分。根据写字的墨汁亮度，还有干燥程度、新旧程度来判断那些文件是否被人篡改过。不过这种方法其实还是有不好的地方，那就是不准确，相当程度上得靠鉴定者自身的经验来判断。如果说让一个鉴定者来判断一下，这幅画使用的墨是唐代还是宋代的，能判断出来。可是如果具体到唐代的某个时期，你问是开元年间的，还是天宝年间的，可能就很难说得出来了。现代的办案人员、技术人员有没有方法鉴定出这些字迹到底是写于什么时候的呢？

为了查清 110 万利息款的去向，20 张白条成为全案的关键。重庆市双桥区检察院的检察官先后咨询了多家单位，都无法精确地鉴定出白条上形成字迹的时间。几经周折之后，这叠白条送到了重庆市公安局。

夏莉琳（重庆市公安局高级工程师）："由于白条上有出纳和行长的签名，很明确是谁签的，那么做笔迹鉴定显然就没有意义。通过什么来证明它的真假，他们就想到时间，想到假如这些白条上标称的时间和实际书写的时间不吻合、不一致，就能从这一个方面认定这些白条是作假的。"

夏莉琳从事笔迹鉴定 20 年，还是第一次遇上这种棘手的鉴定。如何才能破解白条中隐藏着的时间密码？20 世纪 90 年代曾经轰动世界的"文兰地图"案件的侦破给了夏莉琳重要启示。1952 年有人在瑞士苏黎世发现有一张画在羊皮纸上的航海图，上面精确地标出了美洲大陆的地理位置，但图上标明的制作时间却是 1440 年，比哥伦布发现新大陆还早 52 年。如果这张航海图是真的，便推翻了哥伦布发现新大陆的说法。

检察院拘留了任静

对白条进行仔细鉴定

文书检测以弄清白条上形成字迹的时间

这张航海图的出现在欧美各国引起了轩然大波。各国科学家为此争论了 10 年，最后科学家们决定取图上 29 个分散的斑点化验其化学成分，发现图的背景颜料上有氧化钛。由于氧化钛是 1902 年才由人工提炼出来的，因此这张图肯定是在 1902 年之后才制作的，就此证明了这张地图确系伪造。

“文兰地图”案的侦破给了夏莉琳重要的启示。通过分析墨迹成分的变化，就能够追溯到它的书写时间。此后夏莉琳频繁地光顾墨水厂和文具超市，向专家请教墨水的配方，半年下来，夏莉琳先后收集了国内四十多个不同品牌的蓝黑墨水和碳素墨水的样品。

夏莉琳：“你拿一瓶墨水过来，我一看就知道是什么地方、什么牌子的墨水。我收集了许多墨水样品，当然不可能全国都收集到，我把它们制作样本，自己观察、通过自己检测，找出其中的规律性。”

墨水书写到纸张上后还会发生化学反应，因此要破解墨迹的“密码”，还必须对纸张的成分非常了解。经过成千上万次的实验，夏莉琳积累了近 200 本不同纸张、不同墨水的书写样本。很快她发现，墨水书写到纸张上以后，墨水中的物质成分随着时间的推移会发生氧化，不同品牌的墨水发生氧化的程度都很一致。因此通过分析墨迹的氧化程度，就可以准确地推断出书写的时间。夏莉琳立即运用这一方法，对两张间隔时间有一年半以上的白条进行鉴定，果然有了一个令人震惊的发现。

夏莉琳：“通过我们的热分析仪检测以后，就给出来两条曲线。这两条曲线可以向我们说明两张白条的温度差距是两度之间。这个数据就告诉我们，它们两个的时间关系，实际上形成的先后顺序应该是 1~3 个月之内，而不应该是一年半以内，这个差距是很明显的。”

夏莉琳通过分析，认定 20 张白条中有 11 张是在 1996 年二季度写的，其余

9张是在1996年三季度写的。显然这些白条都是在短短半年内形成的，而不是像白条上所写，分别写于1994年、1995年和1996年。这20张白条确系伪造！这个结果令检察官们兴奋不已。

检察员：“1994年有两三张条子，1996年有两三张条子，1995年有10多张条子，你要实事求是好好交代。”

任静：“就是实事求是讲，怎么不是实事求是讲嘛。”

检察员：“那你就把这个情况讲出来。”

任静：“讲了。”

任静坚持说自己已经忘了白条的时间。检察人员于是立即拿出夏莉琳警官的鉴定报告，告诉她，鉴定结果清清楚楚地表明这些白条全都是伪造。

刘洪汉：“我说的支出去这些钱，有些确实支出去了，但是有13多万块钱没支出去，为什么？我可以说两点，第一，打条子的时间和款子具体支出去的时间，显然条子形成在前，支出时间在后；第二，通过专家和机器鉴定，这些条子形成的时间恰恰是假的。”

任静很快供认出，她与该行行长、副行长、办公室主任合伙贪污挪用利息款110万的犯罪事实，并且供认出双桥区工商银行保卫科干事杀人案的重大线索。

夏莉琳：“这个保卫科的干事，他知道内幕，他也知道他当时杀害的这两个人参与了这一百多万赃

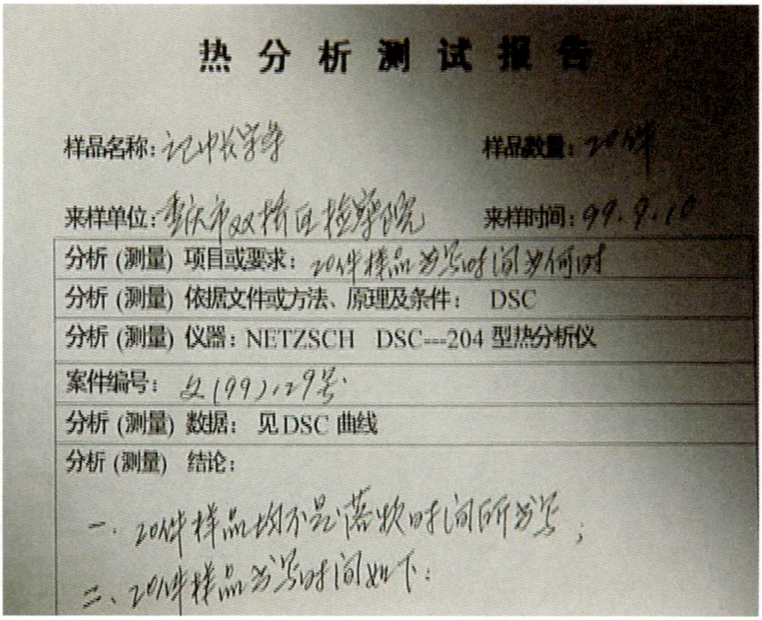

热分析测试报告

样品名称：[illegible]　　样品数量：20件

来样单位：重庆市双桥区检察院　　来样时间：99.9.10

分析（测量）项目或要求：20件样品书写时间为何时

分析（测量）依据文件或方法、原理及条件：DSC

分析（测量）仪器：NETZSCH DSC—204型热分析仪

案件编号：[illegible]

分析（测量）数据：见DSC曲线

分析（测量）结论：

一、20件样品均不是落款时间所书写；

二、20件样品书写时间如下：

通过热分析仪检测说明两个时间实际形成先后顺序应是1~3个月之内

保卫科的干事很不服气赃款的分配，他把人杀掉，然后自己开枪自杀

款的分配、占有，他很不服气，他也想有一份，还有一些其他的因素，所以他在这样的情况下，把两个人杀掉了，然后自己开枪自杀了。”

6年来，夏莉琳警官已经为400多起经济案件和民事纠纷案件出具了书写时间鉴定，为国家挽回了6亿多元的经济损失。据说，只要是5年以内的字迹，夏莉琳警官都可以非常准确地判断出来是哪年哪月写的，准确率高达100%；面对那些大大小小的公章，她也能够一眼看出是真是假，是哪年哪月盖上去的。可以说，有了夏莉琳警官这双“火眼金睛”，为公安人员、刑侦人员、检察人员断案提供了非常重要的依据。

（王宁）

我是谁

两个完全陌生的人，却有着同样的相貌。一次偶然的相遇，使他们陷入无尽的困惑。在他们离奇的身世背后，到底隐藏着哪些不为人知的秘密？

1. 长得一模一样的两个人

看过由成龙主演的电影《双龙会》的人可能会觉得像电影当中那样，遇到一个和自己长得很像的陌生人的场景，在生活当中不会遇到。事实上，要是我们真的在现实生活中遇到两个长得非常像的人，肯定会觉得，哎呀，这绝对是双胞胎，你看这俩人长得太像了。

下岗在家的李保国喜爱摆弄观赏鱼

可是让我们设想一下，如果有一天，我们走在大街上，突然有一个人出现在自己的面前，跟自己长得是一模一样，而自己从来不知道自己是双胞胎，那个时候会是什么感受呢？可能有人会说这事不太可能发生吧？可是，这天下之大，无奇不有，有人就偏偏遇上了这种奇事。

今年已经48岁的李保国，是郑州市一家工厂的工人。从小到大，他和父母一直生活在这座城市里。如今下岗在家的李保国，除了喜爱摆弄一些观赏鱼之外，还要去市场做一些小买卖。那天他像往常一样，一早就出了门。

郑州的一个鱼鸟市场是李保国摆摊设点的地方，凡是经常光顾这里的人，对他都非常熟悉。与他相邻的王师傅就更是如此，因为他俩搭伴已经多年了。

今天王师傅显得很好奇："小李，前天有个事很好玩。我跟你说，有个人长得可像你了，他来买我的鱼缸，我一听跟你声音没两样。

'这缸不赖呀，小李，你买啥缸？'

'我不姓李啊，我姓周。一百多块有点贵，我转转再说。'

我一看这个人的个头、胖瘦、高矮、走路姿势跟你可像了。现在中国人这么多，长得相像的人又不稀罕，但我还没发现过这样的，可像了。"

李保国觉得不太可能吧，就随便敷衍了一下王师傅。

虽然李保国没有把王师傅的话放在心上，但是回到家他还是将此事告诉了自己的妻子和母亲。可就在这个时候，妻子也告诉了他很奇怪的一件事。

妻子赵菊卿在丈夫告诉自己鱼鸟市场发生的事之前，就听自己的娘家人包括自己的妹妹和母亲说过，她们都曾经见过那个和自己丈夫长得很像的人。娘家人说从那人的个头、胖瘦看起来都像李保国。

李保国的岳母丁玉莲在遇见那个长得很像李保国人的时候还曾经和他打招呼，但是那个人很陌生地看了丁玉莲一眼，没有理睬她。当时这个举动还让丁玉莲觉得很生气："这咋说的，我哪里怠慢了女婿，女婿不高兴，不搭理我。我和小女儿当时都是有这种疑问。"

与他相邻的王师傅告诉小李，有个人长得可像他了

就因为这件事，至今岳母对李保国还有些抱怨。事情看来的确有些蹊跷，难道这座城市中，真有一个跟自己长得十分相像的人吗？

2. 寻找可疑之处

李保国：“我知道我的身世，但并不知道自己是双胞胎或者有其他很相近的同龄亲戚。所以，在本地发现有人跟我长得非常像，我觉得有点奇怪。”

有关自己的身世，李保国在许多年前就已经知道。其实他并不是母亲亲生的，而是 48 年前从上海一家孤儿院领养回来的。

李保国的养母李培珍：“在领养他的时候，我不知道他当时有多大。这么长，软乎乎的，头还抬不起来。当时那里的人还和我说孩子可怜啊，没爹没娘，对他好些啊。我说你放心吧，我不会虐待他的。”

既然自己不是出生在郑州，那么这里怎么可能有一个跟自己长得很像的人呢？更让他百思不得其解的是在市场上摆摊这么多年，怎么自己就一次没有遇到过这个人，他会是谁呢？让李保国万万没有想到的是，同样的疑问不仅困扰着自己，也萦绕在这位和李保国长得相像的、叫周勤豫的人的心头。

周勤豫：“在鱼鸟市场遇到王师傅，那个王师傅认错人，还说自己和那个人长得特别像。当时我就想着，我说是不是养父母，领养了一对双胞胎，一家抱一个。”

怀疑、猜测，李保国和周勤豫两人陷入了无尽的困惑之中。

周勤豫拜托了王师傅，请他费点心问问李保国，看他姊妹几个。当时周勤豫还把手机号码给他留下来了。

妻子告诉他听说有个跟他很像的人

李保国和周勤豫两人陷入了无尽的困惑之中

李保国在这之后去友爱路市场上找过周勤豫，还要了周勤豫的联系方

李保国又一次拨通了对方的电话号码

两人开始交流起各自情况

李保国和周勤豫一般身高

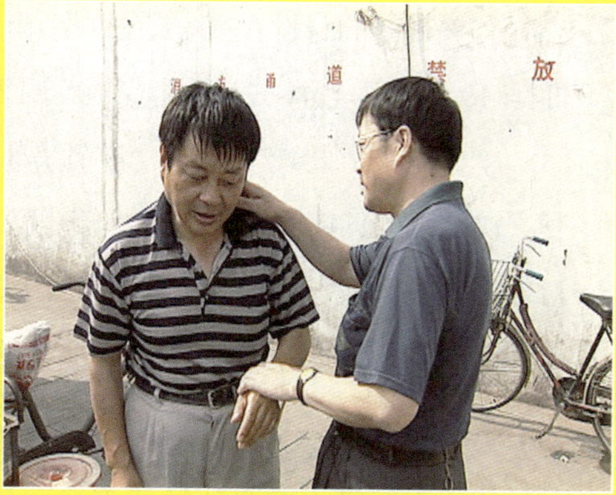

两人都觉得对方跟自己太相像了

式。但是后来有一次李保国打周勤豫的手机他没回。李保国想周勤豫肯定是在上班，可能在这一片上班，大概还是上夜班，这样不好重复打扰。后来李保国又这样打过 3 回，周勤豫都没有回复。

为了把事情弄得个水落石出，李保国又一次拨通了王师傅留给他的电话号码。

“喂，你是周勤豫吗？我姓李啊，对对对，戴眼镜，眼睛近视，啥时候开始近视的，小学四五年级。”李保国兴奋不已。

“我是小学五六年级开始近视的，你身高多少？”

“我一米六八。”

“我也一米六八呀，我说明天咱俩见见面吧。”周勤豫也很想见到李保国。

第二天，按照事先约好的时间、地点，李保国和周勤豫见面了。彼此打量之后，双方都惊呆了。

3. 见面

见面之后，双方都觉得很惊讶。

李保国："我像看到了我的相片。"

周勤豫："真是跟我照镜子差不多。"

这实在是太出乎他们的预料了，眼前的这个人的确跟自己太相像了。此时，就连陪同李保国来的家人也感到十分纳闷。

李保国的妻子赵菊卿："他俩猛一看不是太像，但是越看越像，鼻子、眼睛、耳朵分开可像了。"

李保国的岳母丁玉莲："哪里都像，连这儿有一撮胡子都像。"

两个完全陌生的人，长得如此相像，难道他们是双胞胎吗?

像这样相貌、身高在外人看来一模一样的双胞胎，其实在我们周围出现的概率只有十万分之一。因为在大多数情况下，母亲每次只会排一个卵。当卵子与精子结合之后，卵子变成了受精卵。经过 40 周的发育成长之后，母亲有了自己的孩子。

从一颗受精卵发育成一个胎儿，这是一个相当复杂的过程，其中往往还会出现一些让我们意想不到的事情，比如双胞胎就属于这种情况。但大家也都知道双胞胎之间也会有所差异，有些双胞胎就是我们经常说的那种双胞胎，走到大街上，从长相、穿着、言语中就能感到，这两个孩子长得真是像绝了，简直就是克隆啊！可是有些双胞胎走到您跟前，跟您说我们俩是双胞胎，您看了之后可能有点怀疑，因为他们俩长得并不是那么相像，这到底是什么原因呢?

两人心情激动地分了手

有的双胞胎中的两个胎儿，其实就是我们所说的第一种情况，非常像，几乎像克隆一样的两个双胞胎，这种情况叫作同卵双胞胎，就是说这个卵，母亲只排出了一颗，但是受精分裂，因此孕育了两个小生命。第二种情况就是不像的双胞胎，这种情况是母亲在排卵期的时候排出了两颗卵细胞，恰巧这两颗卵细胞又同时受精了，这叫作异卵双胞胎。

为了进一步弄清事实真相，李保国来到周勤豫母亲家中

李保国问周勤豫："你的睡姿是怎么样的？"

周勤豫说是左侧位，还说右侧位睡不好。

李保国说："我也是"。

越问下去，李保国感觉事情越奇怪，周勤豫不仅跟自己长得很像，就连一些生活习惯跟自己也差不多，难道他和自己真的是双胞胎吗？

李保国："我有个预感，感觉周勤豫就是我的亲人。"

周勤豫："我心情很激动，我心里一直想这个事，骑车都骑过家门了。"

事情不会就这么凑巧吧？为了进一步弄清楚事实的真相，这一天，李保国来到了周勤豫母亲的家中。

周勤豫的母亲许金如："李保国第一次来的时候，我看着真像，他们两个站在一起真是像。"

4. 身世

也许是母亲希望自己的孩子，有个兄弟姐妹可以相互照顾，所以在李保国说明了自己的来意之后，老人告诉他有关周勤豫的身世。原来周勤豫是在一岁左右时，被母亲从洛阳领养回来的。

周勤豫："我自己比较孤单，小时候没人玩，觉得自己到老了会没依靠的。"

周勤豫来自洛阳，李保国来自上海，俩人既然不是来自同一地方，怎么可能是双胞胎呢？如果不是双胞胎，那么他们为什么长得如此相像呢？这里面是不是还隐藏着一些不为人知的秘密呢？看来要找到这个答案，唯一的办法就是去当地派出所寻找当年被领养时的证明。

周勤豫：“我们那天下午去查了迁移证，一查查了3本，最后那本都让我翻出来了。”

李保国视力不佳：“我的找不着。”

没有迁移证，就无法找到周勤豫的出生地，线索断了。对于自己的身世，周勤豫只有一点模糊的印象。在问过周围的亲戚之后，他终于有了一个意外收获。

周勤豫：“想起来了，小时候把我抱养过来的那个孙叔告诉我，说我小时候几个月就过来了，是人家从上海把我抱过来的。”

终于有了重合之处：周勤豫也是从上海领养来的。

这个消息，无论是对于周勤豫，还是李保国都是一个天大的喜讯。现在俩人除了长相、生活习惯相像之外，就连身世都差不多。于是李保国和周勤豫俩人都认为，他们可能是双胞胎。可是光说不行，得要找到证据呀，首先得看看出生年月是不是同一天。

这一查不要紧，问题出来了。李保国是1957年5月21日出生，而周勤豫是1957年4月20日出生。年龄上整整差了一个月，难道他们不是双胞胎？

周勤豫：“我的身世比较复杂，一个山东人抱我抱到山东，后来他抱我转到河南洛阳。由孙叔牵线，再把我抱到郑州的。”

事情好像有了点眉目。原来周勤豫在领养的过程中，因辗转到了不同的人家，所以养母在为他报户口时，把他的出生年月从公历的1957年5月21日改成了农历的1957年4月20日。可是仅仅只是出生年月，还是不足以证明李保国和周勤豫就是双胞胎。

两人去当地派出所寻找当年被领养时的证明

李保国：“以前周勤豫做过血

他们查到了李保国的迁移证

型检测，是B型。”

李保国希望自己也是B型，满怀着自己和周勤豫是双胞胎的希望，这一天，李保国来到了郑州大学第一附属医院。10分钟之后，血型检验的结果出来了，李保国也是B型。

拿到化验单的李保国，心里暗暗高兴，这总可以算得上是证据了吧。

郑州大学第一附属医院输血科副主任医师：“人类有四种血型，A型血、B型血、AB型血和O型血，在人群中碰到的概率为25%，两个人一样的血型概率非常高。从血型角度来讲，只能说你们俩血型相同，但是不能认定你们究竟是不是双胞胎。”

即使有了相同的血型，也无法证明李保国和周勤豫就是双胞胎，希望再次破灭了。如今他们又该去哪里寻找双胞胎兄弟的证据呢？无奈之下，周勤豫拨通了当地一家媒体的热线电话。

“喂，江老师是不是……”

在电话里，周勤豫把事情的真相告诉了记者。几天之后，周勤豫和李保国的事情见报了。这一消息立即引起了郑州大学医学院鉴定中心李晓文主任的注意。

李晓文（郑州大学司法鉴定中心DNA鉴定室主任）：“如果是双胞胎的话，所有的基因位点都应该是相同的。”

现在李宝国和周勤豫两个人都坚信自己就是对方的孪生兄弟，他们的理由是什么呢？因为我们俩长得非常像啊，生活习惯也很相同啊，我们的外部特征是完全一致的。经过现代化的分析，我们俩的血型又都是B型，难道这还不能说我们俩是孪生兄弟吗？

可咱们想一想，毕竟这是一件非常严肃的事情，不能仅仅就凭这几条，就说他们俩是孪生兄弟。为什么？我们知道一个人的外部特征，比如说他的相貌、

48年之后，
李保国和周勤豫各自有了一个和自己长得非常相像的孪生兄弟……

两人看看出生年月是不是同一天

身高，还有他的生活方式、他的一些习惯等等，都是可以经过后天的环境改变的。就算是血型，在现代的医疗条件下，也可以使一个人的血型改变。我们想一想，血型一样的人，难道就可能是兄弟俩吗？要这么说的话，全世界有多少血型相同的人，难道都是出自同一个家庭吗？除非一种情况，那就是同卵双胞胎，这两个人的血型才肯定是完全一样的。那么，既然相貌、血型都不能作为认定自己是孪生兄弟的证据，那看来剩下的最后一个手段，就是进行 DNA 的鉴定了。

5．DNA 鉴定

基因是生命体中最小的单位，看上去是既简单又复杂。之所以说它简单，是因为每个 DNA 分子都可以用 C、A、T、G 四个字母表现出来，它的复杂性就在于它们每一次的组合，代表了生命个体中的一个信息，而这样的组合是无限的。

李晓文：“如果是同胞兄弟，却不是双生的，这种情况下我们做的时候，最好要做一些性染色体上的基因位点，因为只有男性才有 Y 染色体，父亲的 Y 染色体，必定要传递给每一个儿子。”

基因中有了这样的规律，鉴定中心的工作人员就可以很坦然地进行双胞胎鉴定了。在李主任的帮助下，李保国和周勤豫来到了医学实验中心。

李保国：“当时只有 50% 的把握，是的概率是 50%，不是的概率也是 50%。”

周勤豫：“我抱的就是 100% 的希望，我说咱俩长得一样，其他方面也一样，不是双胞胎才怪呢。”

时间已经过去一个月了，按理说鉴定的结果应该早就出来了，可是李主任那儿为什么迟迟没有回音呢？

李保国："假如说我们不是双胞胎，我说咱俩从长相上比较相似，咱俩感情上有点缘分，想认个兄弟。"

周勤豫："李保国他比较保守一点，我的思想比较开放一点，我说不是才怪呢。"

事实的真相到底是怎样的呢？难道说李主任在做 DNA 鉴定时，从李保国和周勤豫的基因中发现了新的情况。

李晓文："我第一次给他们做的时候，做了 24 个位点，他们俩的基因形式是完全一致，这时候已经可以肯定他们是双胞胎了。但是当时我是非常怀疑这件事情，我觉得不可能会有这么巧合的事情。我担心，是不是我自己在操作过程中失误了。"

为了稳妥，李主任决定给李保国和周勤豫再重新做一次 DNA 鉴定，并在原有的基础之上，多做了 8 个位点。

在这 32 个位点当中，他们基本上是完全吻合的。两个毫不相干的人进行比对，正常情况下是做 15 个或 24 个，如果说 24 个当中，有 4 个不一样的话，就可以证明两个人一点亲缘关系都没有。

现在可以看到李保国和周勤豫两个人，他们做的 32 个位点完全一致，这是不是就可以说明他们俩是双胞胎呢？双胞胎的基因，是不是真的就一点差异也没有呢？

李晓文："人的细胞里面，一些结构型基因有 3 ~ 4 万个，我们只是做了整个 DNA 里面很少的、极少的一部分，不能概括整个基因的情况，基因肯定有区别。"

当然，基因中的这些区别在李保国和周勤豫的身上是极其微小的。可是因为他们在不同的家庭中生活了 48 年，在脾气、性格等

两人年龄上差了整整一个月

许多方面，表现出各自的不同。

周勤豫：“主流还是差不多的，细小的问题考虑还是不太一样。我的心比较细一点，他比较粗犷一点，说话快。”

无论是在什么家庭中成长，无论两人在性格上有多少差异，这一切对于李保国和周勤豫来讲，已经并不重要了。如今他们考虑更多的是如何珍惜这迟来的亲情。

李保国：“见面第一年，他家亲戚比我们家亲戚多，从初一到初七都没有闲着，一直来回走动。”

周勤豫：“有个依靠了，觉得有个说知心话的了，有个亲人了。”

48 年之后，李保国和周勤豫各自有了一个和自己长得非常相像的孪生兄弟，这真是让人感到非常的欣慰。故事说到这里听起来要结束了，但也可能只是刚刚开了一个头。

因为对于兄弟俩来说，自己还有没有其他兄弟姐妹？自己的父母到底是谁？这一系列的问题还在困扰着他们。兄弟俩要继续去弄清楚自己的身世，希望能够找到自己的父母，或是自己的其他兄弟姐妹。

（李瑛）

李保国和周勤豫各自有了一个和自己长得非常相像的孪生兄弟

烧焦的证据

一间无人值守的店铺为什么突然起火？火灾现场又为什么会有一具无名的尸体？死者是谁？他为什么要到这里来？火场调查人员拨开层层迷雾，在废墟里寻找着《烧焦的证据》。

1. 火场遗尸

2005年元旦刚过，人们还沉浸在新年的节日气氛之中。在广西柳州市城建路上有一家刚刚开业了几个月的五金电器商店。店主李荣军看着日渐红火的生意心里高兴得不得了，节日也没顾得上休息照常营业。这天下午突然停电了，小李趁着店里顾客不多的时候开始盘点货物，盘点完货物他给朋友打了一个电话。6点钟的时候，他要请客户吃饭。

消防中队前往火灾现场

到临走时，李荣军还特意到店铺后面的厨房里检查了煤气和卫生间里的水龙头是否关闭了，检查完确定无

消防人员到了火灾现场

误后，他才锁好卷帘门离开了商店。让李荣军万万想不到的是，就在他走后的一个多小时，商店突然起火。

他吃饭吃了一半的时候，隔壁店铺里打来电话，告诉他五金电器商店着火了。李荣军一下子呆住了，心急如焚又觉得非常蹊跷。他明明记得自己当时走的时候，门也锁好了，店里面也没有人，居然起火，岂不是怪事。奇怪归奇怪，着火了可绝不是小事，小李放下碗筷打车就往回赶。更奇怪的是，他赶回来的时候，看见店里面门是打开的，这门面起了很大的火，火势汹汹。

柳州市 119 指挥中心接到报警后，立即派出鱼峰消防中队前往火灾现场。消防人员大概 19 点到了现场，发现火比较大，是门面着火，电线噼啪响。左边右边都是商铺，火势不控制的话，会涉及两边店铺。消防人员火速进行灭火，消防车往里面喷水，门都变形了，开不了了。

由于报警准确及时，消防队到来之后很快就将大火扑灭了。但是，这场无情的大火却吞噬了李荣军多年的积蓄。让李荣军想不通的是自己临走时关好了煤气锁好了门，店铺里也没有人，它怎么就无缘无故地起火了？难道是得罪了人，有人故意放火？仔细想想也不会呀。他刚来这里不久，人生地不熟的，这几个月的生意都是亲属帮忙介绍的，也没有和任何人发生过争执和口角。难道是有人见钱眼红吗？就在小李百思不得其解的时候，消防人员在清理现场时又发现了一个意外的情况。

大火扑灭后，消防队在清理现场的时候发现，在卫生间里躺着一个人。一名死者。

当地派出所干警赶到现场，认定这个人已死亡。

2. 死者是谁

一间无人的店铺为什么突然起火？火灾现场又怎么会有一具尸体？这给突如其来的火灾蒙上了一层神秘的面纱。这一案件引起公安消防部门的高度重视，立即成立了由火灾调查人员和刑事案件侦察人员组成的专案组，开始对案件展开了全面的调查和侦破工作。

死者是谁？他为什么要到这里来？首先，刑侦人员围绕着死者展开了调查。

李荣军说："我不认识他，他头朝下面，看不清楚，只看到衣服黑黑的，鞋子有点烂，但是我不知道是谁。在人海茫茫中要找到一个来历不明的人的真实身份并不是一件容易的事情。"

就在这时，附近一家商店的人找上门来，说他们有一名员工不见了。公安人员立刻让来人对死者及其遗物进行辨认，很快来者就认出死者就是他们商店的员工，名叫黄显强。死者的身份确认了。那么他为什么要来这里？他又是怎么进来的呢？刑侦人员进一步对案发现场进行了勘察。当时，小店的卷帘门是开启的状态，开启了一半，而且是不平行于地面的，一边高一边低的开启。警察到里面勘察，发现这个门是用暴力打开的，但在现场侦察人员发现窗子并没有被撬动过，也没有攀爬的痕迹。那么黄显强为什么使用暴力手段强行进入商店里面来。他进来后又是怎么死在商店里的呢？

法医到鉴定现场以后，发现尸体状态是很自然弯曲的，两个手抱住头，像是一个规避的动作。从尸体的死亡姿势上看，死者临死前是非常痛苦的，是在躲避某种致命威胁的情况下而死亡的。难道是有人趁夜黑无人在商店里实施了一起杀人放火案件？

经过法医检验，发现这个尸体很奇怪，没有伤。衣着完好，体表没有伤口，没有我们所谓刑事案件的钝器伤和暗器伤，进一步勘察，发现尸体的钱包还在，还有一千来块钱。他的

大火很快就给扑灭了

手机也在，没有什么被盗和被劫的迹象。

经过侦察人员现场反复勘察，排除了他杀的可能。死者临死之前虽然呈躲避姿态，但死亡的真正原因是吸入火场大量有害气体窒息死亡。

有人说黄显强是小偷，他在里面试图盗窃时，跑不出来了。黄显强真的是盗贼吗？他为什么还要放火并把自己也烧死在里面？是不是行窃时不小心将照明用的蜡烛点燃了周围可燃物，造成了“偷东西不成反丢了命”的结果？

据周围的店主反映，火灾发生前商店已经来电了，并且有人看到商店里面有灯光亮着，找东西根本就不需要点蜡烛。难不成黄显强是聪明反被聪明误，行窃时怕现场留下容易被人认出来的证据而放火销毁现场时不慎自己葬身火海？

如果案情真的像推测这样的话，黄显强很可能是一名心狠手辣、久经窃场的惯犯。但在调查中侦察人员了解到黄显强平时寡言少语并没有任何劣迹，只是在最近一段时间曾给这家商店送过两次货物，对商店的环境有所了解而已。如果是这样的话他作案后应该逃离得更快，可他为什么会死在里面？就在侦察人员排除了几种常见的作案方式后又了解到一个新的情况，有人反映在来电之前好像听到有人进出过商店。随后侦察人员在对商店员工了解情况时也证实了这一点，在店主离开后确实有人还来过这里。

原来，是一名商店员工大概在 6 点 50 分左右回到过店里。他带着从工地带回来的退货，开了门把它放进去，立马就走人了。因为当时停电，店里很黑，什么都看不到。他把门锁好了，赶快走了，当时还没到 7 点钟，因为他还特地看了时间。

消防队员清理现场时发现卫生间里有一个人

从商店员工提供的时间上看，从当晚 7 点钟左右送货人离开商店，到 119 指挥中心接到报警电话的 7 点 31 分，火灾就发生在这 30 分钟时间内。那么，黄显强是什么时候来到店铺的呢？

从黄显强打工的商店里得知，当天晚上大约 7 点钟来的电，来电后黄显强还在店里看了一会电视，走的时候大约在 7 点 15 分左右。从路程上看，从黄显强离开打工的商店到达火灾现场大约有 5 分钟的路程，7 点 20 分左右来到火灾现场。如果黄显强是故意纵火，在 10 分钟的时间里他是怎么放的火？着火点在哪儿？火种是什么？看来找到纵火方式也是侦破此案的关键。就在刑侦人员不断深入调查中，火灾调查人员也从另一个角度对火灾的起因展开了全面的调查。

3．烧焦的证据

负责消防的领导说，通过火灾原因的调查，使我们能够从中发现和探索出火灾发生的规律和特点，为我们做好防火工作提供有力的规律性的东西。另外发生火灾以后，涉及民事纠纷、经济赔偿，都需要我们及时地、准确地提供火灾发生的原因。

但是，一般的火灾现场由于烟熏火烧，大部分物品已经面目全非，再加上扑救人员现场的踩踏和高压水枪对物品的冲击以及污水的浸泡，部分物品已经发生了物理和化学性质的变化，很难辨认，剩下的残缺物品也都被烧得炭迹斑斑。如果要想在这样一片废墟中找到证据，就得让这些烧焦的物品开口说话。

可是，人烧死了、东西也烧焦了怎么让它们开口说话？而火场调查人员就要有这个本事。在外人来看，火灾现场一片狼藉，但在火场调查人员眼里处处都是揭开火灾原因的契机。大家知道，火灾现场破坏力和杀伤力最强的就是烟和火了，但烟和火也是发现起火部位的有利证据之一，比如通过烟熏痕迹的轻重可以判断起火的方向；火烧过留

卫生间的人确认死亡

无情大火吞噬了李荣军多年积蓄

卷帘门是用暴力打开的

卷帘门呈一边高一边低的开启状态

下的痕迹也可以判断起火的方向。这样从烟熏和火烧遗留下来的痕迹就可以初步推断出起火的部位。火灾调查人员火眼金睛，一进到现场就找到了起火部位，它就在房间里面一张桌子的下面。

着火的位置找到了，那又是什么原因引起的火灾呢？调查人员开始在这堆烧焦了的废品里寻找着证据。按一般情况来推断，如果是纵火案件，在起火部位周围都会留下纵火者的蛛丝马迹，比如使用过的打火机、火柴、蜡烛、烟蒂等能引起火灾的火种，找到这些证据就可以判断出起火的原因，确定火灾的性质和责任了。然而调查人员翻遍了这里所有的东西，也没能找到这类能引起火灾的火种。

功夫不负有心人，在现场勘察中调查人员又发现了一个新情况。在检查卷帘门的时候，发现卷帘门一直是卷着的，当他们把卷帘门放下来的时候，发现朝屋里一面的卷帘门的上部也有被烟熏的痕迹，这就说明在卷帘门没打开之前屋里已经有火了。有人就提出了一个新的说法——在黄显强还没到来之前商店就已经起火了。提出这个说法造成了不小的轰动。这就有可能洗脱黄显强放火的嫌疑，如果说火不是黄显强放的，那么是怎么着起来的？他既然不是放火者，他来这里要干什么？又怎么会死在这里？这一系列问题不仅关系到这场火灾的起因和责任，还关系到死者的名誉。作为火灾调查人员不仅不能放过一个坏人，而且更不能冤枉一个好人。调查人员感到责任更加重大了。这起复杂的案中案也吸引了一位老消防工作者。

林松是广西壮族自治区公安消防总队高级工程师，被公安部授予火灾事故调查专家。她来到柳州后，不顾路途的劳累直奔火灾现场。

林松在接受采访时曾说，一次火灾的发生，都有其燃烧的规律。用我们消防的话说，就是燃烧痕迹，给我们留下火是从哪里开始燃烧的一个证据。她分析说，这场火，它留给我的图形，是出于明火和阴燃火之间，既不是明火那种很快的燃烧速率的角度，也不是阴燃火那种比较缓慢的角度。

一般情况下，如果是一场大火，燃烧物燃烧充分时就会在墙上留下像V字形的痕迹，周围的烟熏痕迹也比较轻。慢慢着的火由于耗氧时间长，烟气比较浓，留下的烟熏痕迹就比较重，并不会出现明显的V形。然而这场火灾遗留下来的痕迹表明，火势介于两者之间。看起来这是一个无关紧要的现象，对黄显强来说可至关重要。前面说过了，黄显强在火灾现场只有10分钟时间，如果他是纵火者在短短的10分钟内是不可能留下慢慢起火痕迹的。那么这场火究竟是怎么着起来的呢？

在起火部位，调查人员对这些已经被翻了无数遍的碎片再次进行寻找。起火点究竟在哪儿呢？

这时一条电线引起了林松的特别注意，会不会是电线短路引起的火灾呢？调查人员在检查电线时发现电线虽然已经被烧断，但两端的开关却处在通电状态。在这种情况下究竟是先起火烧断了电线还是电线短路引起了火灾，能不能鉴定出这两种完全不同的起火原因呢？

侦察人员发现窗子并没有被撬动过

林松认为，先短路的话，温度可以达到两千多度，瞬间高温达到汽化，瞬间冷却的时候，又会把空气包裹在熔化的珠子里面，形成比较少、比较小的一些孔洞。如果是先火烧再短路，冷却得就比较慢，不会像还没起火的时候，瞬间一下就收缩，会把少量的气体包裹在里面。

火灾现场周围环境

随后调查人员将现场中烧断了的电线头迅速送到有关实验室进行鉴定。很快鉴定结果出来了，电线熔断处一间无人值守的店铺为什么突然起火？

气孔较大，并不是电线短路引发的火灾，而是着火后将电线烧成短路。排除了电线起火的可能，林松又把目光转向被烧焦了的电暖气。

在把它一层一层地进行分离以后，终于在这里找到了起火点。起火点的部位可以看到取暖炉本身的受热、变形的痕迹，以及它旁边的可燃物被烧以后，出现的灰化炭化逐渐减轻的一个过程。这说明是电取暖器把周围的东西烤着了以后，再把电线烧断，留下了这样的痕迹。

4. 终获清白

起火的原因终于找到了，黄显强放火的嫌疑也被排除了。那么黄显强为什么会死在别人家的商店里？

林松分析，死者黄显强从正门进来，把卷闸门拉开了一米多进来，然后他跑到卫生间里面，卫生间的水龙头是打开的，水还处在接水的状态，说明这个人有救火的行为。如果他是小偷，他有足够的时间离开现场，如果是观

由于烟熏火烧，大部分物品已经面目全非

火灾现场一片狼藉

调查人员在烧焦了的废品里寻找证据

调查人员翻遍了这里的所有东西

被烧焦了的电暖气

电暖器把周围的东西烤着以后，再把电线烧断

望的，他没有必要进到火场最里边来。种种迹象表明，林松认为这个人应该是救火者，而不是小偷。

黄显强可以安息了，对他的种种推测怀疑终于烟消云散。这场火灾究竟是怎么发生的？原来，偶然的停电，让匆忙去吃饭的店主忘记了关闭电源开关，而晚间送回来的货物又不经意地堆在了电暖气上。来电后电暖气温度慢慢升高，将上面的可燃物点燃。此时黄显强正好路过这里，便冲了进来。

遗憾的是，他缺乏救火的知识。因为他把卷闸门拉开以后，气体不断地补充进来，火烧大以后，烟产生多了，进入到里边的通道和里面生活区，把他给堵在里边了，他就没办法出来，死在卫生间里。

随着调查的深入，火灾中一个个扑朔迷离的情节逐渐清晰了，在调查人员头脑中出现的问号被渐渐地拉直，变成了惊叹号。

火灾就是在偶然、匆忙、不经意间发生的，而冲进火场救火的黄显强，却因被浓烟包围窒息死亡。据有关资料表明，在火灾死亡的人中 80% 以上是死于烟熏，因为烟气在刚离开火的时候温度可达到 1 000℃，然后它以每秒 2~3 米的速度向上流动，当烟气充满房间上部时它以每秒 0.5~1 米的速度水平扩散，从房间里冒出的烟也有 600~700℃。看来浓烟不仅呛人还可以灼伤人，一旦发生火灾，千万不要贸然通过有浓烟的地方。黄显强由于缺乏相关的灭火知识葬送了自己年轻的生命。然而让人们感到欣慰的是火灾调查人员认真负责的科学态度还了黄显强一个清白，这也许可以告慰他的亡灵。

（高山）

一触即爆

一次违规操作引发一场不寻常的大火，40吨液化气将连环爆炸。
多种扑救方案于事无补，灾难能否避免？

1. 液化气槽罐车意外起火

最近在辽宁省发生了一场大火，这场大火燃烧的情景是当时所有消防官兵都从未见过的，它不仅足足燃烧了96个小时，最重要的是，火灾现场随时都有爆炸的可能，并且一旦爆炸就是连环爆炸。这是场怎样的大火，为什么燃烧了这么长时间，消防官兵又是怎样度过这生死考验的96个小时的呢？

2006年3月25日，一辆可装载25吨液化气的槽罐车驶进了辽宁省葫芦岛市一家乡村液化气站，准备从站内的储罐中取走18吨液化气。工作人员接上输气导管非常顺利地灌满了所需的18吨液化气。然而，就在工作人员准备关上阀门卸下导管的一刹那，意外发生了。

葫芦岛市连山区消防车

谁知道当工作人员在装完气的情况下，去

消防官兵赶到起火现场

可装载25吨液化气的槽车起火了

关车体的阀门，刚一接触阀门，就起火了。

最先接到报警电话的是离液化气站最近的葫芦岛市连山区消防中队，当消防官兵赶到现场时，火苗已经把槽罐车罐体包围，情况极其危险。

这时，罐体已燃烧25分钟。

火焰已经把罐体整个都包住了。一旦，罐的温度升高，罐的压力增加，就很可能发生爆炸。

当时火势非常大，离上罐壁高出两米多，火焰在熊熊燃烧。

消防官兵们立即铺设了3支水枪对着火槽车进行冷却，防止罐体爆炸。

但是，就在这个紧要关头，第一批到达现场的消防车上的水在三只水枪的同时喷射下，很快就用完了。由于液化气站地处郊区农村，附近没有可直接采用的消防水源，他们只能等待增援力量的到来。这一刻大家只有眼睁睁地看着罐体燃烧。

徐建启(葫芦岛市连山区特勤中队指导员):“当时大伙就只能看着罐体燃烧。我作为中队指挥员，采取的方法是什么呢？就是把战士们和车辆，全部疏散到200米以外的安全地带。如果这个时候发生爆炸，尽量能够减少我们现场人员、包括其他装备的损伤。”

就在距离火槽罐车不到30米远的地方还摆放着3个液化气储气罐，着火的槽罐车对整个液化气站构成了巨大威胁。而且，在液化气站附近还有一家企业、一所30多人的敬老院、180名师生的学校和当地上百名的居民。

现在大家最担心的问题就是爆炸了，下面有火在烧，上面却是一个盛满液化气的容器，液化气是一种极易燃烧、极易爆炸的危险品，用火来烧烤这个装载液化气的密闭容器，后果会怎样呢？液化气有一个很重要的特点，只要温度一上升或者遇到空气它就会由液态转化为气态，持续给罐体加温，转化为气态的液化石油气就会越来越多，在有限的空间里迅速膨胀，当容器的压力承受不住的时候，爆炸就发生了。这次最要紧的是着火槽车发生在液化气站里面，站里还停放着好几个储气罐，总共储气量达到 40 吨。

张智明（葫芦岛市消防支队参谋长）：“当时情况相当危急，一旦液化气的槽罐车发生爆炸，就会引起储罐区的连环爆炸。”

支海龙（葫芦岛市消防支队政委）：“1 千克的液化气的爆炸当量相当于 10 千克的天体炸药，如果 40 吨的液化石油气一旦爆炸，威力非常大，后果不堪设想。”

2000 年 8 月在葫芦岛市某饭馆曾发生过一起 15 千克液化气钢瓶爆炸的事故，当场造成 5 人死亡，13 人受伤，饭馆两侧 24 厘米厚的砖墙全部倒塌，爆炸产生的碎片穿透门外数量出租车，致使出租车外壳严重变形。爆炸冲击波还把马路对面的楼层玻璃全部击碎，这还只是一个 15 千克的液化气钢瓶的威力，眼下是一个装有 40 吨储量的液化气站，它相当于 2 600 多个这样的钢瓶同时爆炸。

2. 要怎么灭火？

漫长的 10 多分钟后增援力量终于到达，葫芦岛市各部门领导和工程技术人员紧急成立了火灾现场指挥部。支海龙担任这次火灾现场总指挥。

这时，罐体已燃烧 40 分钟。

支海龙：“我赶到现场以后，当时看到这个罐体的后部有 3 个点在同时泄漏燃烧，火势卷着往外冒，整个火焰高度超过罐体 1 米以上。”

水枪手立即铺设了3支水枪对着火槽车进行冷却

没有可直接采用的消防水源，只能等待增援力量的到来

战士们全部疏散到200米以外的安全地带

车辆也被疏散

指挥部赶紧组织水枪手灭火，在现场，水枪手是离危险最近的人。

徐小明（火灾现场水枪手）：“罐体已经烧得变色、发白了。”

支海龙：“我们也考虑到水枪手的危险，我们想用带架水枪，就是往地下一放，像水炮一样，把水带接了以后，由袋架水枪自己往罐冷却。但是通过实际操纵，它对这个罐有空白点，它不像人，可来回扫这一块，既扫罐体还得压一压火，那样的话，虽然说人不在现场，能保证人的安全，但是它的冷却效果就不行了。冷却效果不好，如果罐体出现空白点，很容易发生爆炸。最后我们干脆就把这个带架水枪撤掉，还得由人往上去。”

与此同时，指挥部决定由交警部门在 2 千米以外实施警戒，对火场周边危险区域路段实施 24 小时交通管制，紧急疏散当地群众。

当地居民回忆：“火都够到天上去了，大老远瞅着，很吓人的。我说，完了，咱这家算完了；完了，要爆炸……他们就告诉我们把电源切了，把钱、存折啥的拿走。完了，剩下就是人赶快撤离。”

据当事人讲，槽罐车最先着火的部位是左侧的阀门箱，在槽罐车的另一面也有一个阀门箱，这两个阀门箱是用来装卸液化气的，两边的功能和结构完全一样。罐体后部的底下有一个阀门叫排污阀，它主要是用来清理罐体时用的。然而就是罐体最主要的 3 个阀门通道都同时着了火，罐里的液化气成了源源不断的燃料来源。这火是怎么烧成这样的，又该如何救呢？

刘敬华（葫芦岛市质量技术监督局特种设备科工程师）：“火是从左侧阀

箱起来的，起来以后，把紧靠罐壁的密封垫烧着了，把下边的轮胎就是后边的汽车轮胎烧着了。烧着以后，火势又蔓延到备用胎，然后把底下的排空阀排污口密封垫也烧着了。当时是北风，顺着这个风势，按照罐体的弧度，就是贴着罐壁，火势延续到右边的阀箱，把右侧的气相液相密封垫也都烧坏了，所以造成了这 3 处漏火。”

支海龙：“首先我们考虑能不能堵，能不能把泄漏点给它堵住，堵住以后它就不能泄漏了，不能泄漏以后，火自然而然就灭了。但是通过现场看，这些点很不规则，没法儿堵。”

3．冷却水枪一刻不停

当天下午，槽车后部的 8 个轮胎和两个备用轮胎都已经烧得干干净净，饱满的轮胎只剩下孤零零的轮毂。

这时，罐体已燃烧 3 个小时。

这时所有人都在想着同样一个问题，罐体在用水冷却的情况下还会不会爆炸？现场指挥部立即找来了该液化气槽罐车罐体的设计者。

关宏峰（葫芦岛市锦西化工集团槽车罐体设计者）：“当时这个罐我设计温度是50℃，只要温度不升，冷却水源不断，冷却方式正确得当，罐体就没有爆炸的可能性。”

但是，槽罐车罐体的长度接近 13 米，3 个着火点在底下燃烧，很容易使着火部位和没有着火的部位形成强烈温差，尽管罐体壁厚达到 18 毫米，但如果长时间烧、烤呢？

李金华：“液化气罐如果被烧时间长，

尽量减少其他装备的损伤

很容易把铁板烧软了，到一定程度的时候，你再往上一打水，就像打铁似的，就脆了，脆了这阀门要是掉了，或者是焊点裂开之后，这里头气压一大，就会迅速产生大爆炸。”

参谋长：“气压升高的时候，哐当一下，罐顶撕裂，急剧膨胀，爆了，周围人就全完了。”

爆炸的危险始终威胁着火场的每一位消防官兵，他们必须想办法赶紧消除隐患，但如何才能使战斗尽快结束呢？

支海龙：“能不能把它拖走？最起码把它拖到野地里，危险性能小一点，但是又考虑由于后边8个轮胎全部烧毁，光剩轮毂了，用车一挪的话，这轮毂直接就扎地了，没法儿挪，挪不走；后来又考虑能不能吊，整个把这个着火槽罐车吊起来。吊下来以后，把它放到板车上，直接拉走。当时考虑到罐体这么长时间燃烧这一块，如果用钢丝绳一吊，怕罐体发生断裂，也没敢整。”

6个小时后，夜幕降临，火焰显得更大了。水枪手们仍旧战斗在工作岗位上，一刻也不能停止地对罐体实施冷却。

这时，罐体已燃烧6个小时。

3月的北方，天还很冷。水枪手们不仅要克服寒冷、疲劳，更要面临黑夜和爆炸带来的心理压力。

水枪手：“当时，水枪阵地是4个方位。罐壁两侧每侧有两支水枪，但是离得不算太近，根本就不能沟通，说话相当费劲，而且晚上风刮得比较大，很难听清对方说话。要是说话的话，得用喊才能听见。”

罐体已经烧得变色，发白了

参谋长：“眼看着夜间的火越来越大，火焰是一跃而升，超过灌顶两三米高，对他们心理影响是非常大的。如果着火的液化气槽罐车发生爆炸，那么他们就会面临牺牲的危险。”

第二天上午，火势仍然没有减弱的迹象，18吨液化气照这样烧下去得烧到什么时候呢？罐体已燃烧20个小时。

葫芦岛市各部门领导和工程技术人员紧急成立了火灾现场指挥部

这样燃烧下去，难免会发生意外。

刘敬华工程师：“烧的时间越长，安全把握越低。”

第二天晚上，人们发现罐体有些变形迹象。

这时，罐体已燃烧33个小时。焊接点处已经出现了明显的凹凸。

支海龙：“就像那几个焊点把这个罐体勒紧似的，非常明显。”

中队长：“如果罐体在抖动，再发出吱吱声响的话，可能就是爆炸的前兆。”

政委：“看到罐体变形，说实在的，当时我们也害怕爆炸。但是消防职责所在，人员还不能撤，你撤离了，水枪一断，冷却水断了，肯定爆炸。”

指挥部立即决定增设水枪对罐体实施均匀冷却，严格控制罐体的温度。同时想办法尽快扑救，结束战斗。

第三天上午，罐体尾部的液位计被火苗烧坏。液位计是用来显示罐内储气容量多少的仪器，但现在只能通过敲击罐体听声音来判断。火情显得越来越严重（罐体已燃烧45个小时）。

指挥部不得不决定，采用一种导管排空的办法使罐体内的液化气尽快烧光，就是用一根导管把液化气从罐体内输送到站外安全地方再点火燃烧，从而缩短液化气的燃烧时间，但必须冒险派一名战士靠近燃烧的阀门箱，将输气的导管连接上，然后再打开输气阀门。如果那时罐体突然爆炸，他面临的将是最直接的生命威胁。

然而在水枪手的掩护下，消防战士几次尝试都未能打开阀门。

支海龙：“由于阀门受热会自动关闭，结果阀门打不开，液化气体放不出来。”

整个火焰高度超过罐体一米以上

水枪阵地是4个方位，罐壁每侧有两支水枪

导管排空的办法不能实施，罐体顶部还有一个安全阀，能否把安全阀打开，在罐顶点火燃烧呢？由于罐体里面的压力很大，一旦打开，里面的液化气会猛烈喷出，周围都是明火，火苗会冲出好几米高，罐区里还有储气罐，危险更大，也不敢打开安全阀。后来大家又想到水泥浇注的办法，就是用水泥把泄漏处全部封上。但这样只能保住一时的安全，只要液化气还在，危险就存在。

4. 最后的方法

当这些方法都一一考虑而又无法实施之后，最后剩下的就是最直接的办法——持续冷却，直至烧尽。

政委：“用我们的话讲这是最保守的一种方式，让它稳定燃烧，水枪不间断地冷却。”

水源是救火的重要保障，指挥部当天就调集了全市各单位消防车共 23 辆，不分昼夜地来回运水。水枪手们喷洒后的水在火灾现场汇流成了一条小溪。消防官兵睡在车上，吃在火场，他们轮番作战，不知道这场随时都有爆炸危险的战斗还要坚持多久？

火灾后的第四天夜晚，天空突然刮起了大风，火苗四处窜动，加上泄漏口变大，罐体燃烧加剧。

这时，罐体已燃烧 80 个小时。

刘工程师：“当时是六七级的风，北风，正好顺着罐壁。”

参谋长：“火借风势，最高的时候火苗能超过罐顶两三米高。”

然而，面对猛烈的火势，水枪手们还不能把火直接打灭。只能打压火舌，控制燃烧。

姜维（火灾现场水枪手）：“最不好掌握的就是一不小心就把那个火点打灭了。”

徐小明（火灾现场水枪手）：“当时打灭了两三次吧，又采取了点燃的方式，再次将它点燃。”

救火就是要把火扑灭，为什么灭了反而要点燃？既然可以轻而易举地把火给灭了，为什么还让大火持续燃烧那么长时间呢？

现场：“不敢灭，灭了以后发生泄漏，泄漏以后遇到着火点就会爆炸。”

政委：“就是液体变成气体，体积扩大600倍，而且液化气比空气比重要大，它都浮在地面上，它不是说比空气轻，就被风吹走了，它始终在地面上。所以说遇到一点明火，哪怕衣服产生静电，都很容易引起爆炸燃烧，危险性更大，只能是泄漏多少让它燃烧多少，直接就着了。因此，在冷却过程当中如果把火

水枪手们喷洒后的水在火灾现场汇流成了一条小溪

谁知道工作人员在装完气的情况下，去关车体的阀门，刚一接触阀门，就起火了！

钳打灭了，你还得把它点着，直接燃烧。”

在持续不断的冷却下，消防战士喷洒的水柱在火场上形成了一道冰与火的独特景观。

这时，罐体已燃烧 92 个小时。

经过 4 天的冰与火的较量，罐内的液化气越来越少。到第 5 天上午，火势渐渐变弱。

当罐内的液化气所剩不多时，指挥部认为到了结束战斗的时候，命令水枪手立即打灭着火点，爬上罐顶，开启安全阀，从安全阀口往里面注水，稀释罐内液化气，缩短燃烧时间。等罐体内的压力释放完后，消防战士立即用水枪直接朝罐体里注水。

29 日 11 时 25 分罐体注水完毕，一场大爆炸威胁彻底解除。从接到报警到

消防官兵们轮番作战

把火扑灭，消防官兵共奋战了 4 天 4 夜，整整 96 个小时。

消防战士喷洒的水柱在火场上形成了一道冰与火的独特景观

一场持续了整整 96 个小时的大火终于扑灭了，但导致这场大火的最初原因是什么呢？说来你也许不相信，这么大一场隐藏着爆炸危险的大火竟然是由人体静电所致。操作员在没有穿戴防静电的服装和手套情况下，去关闭罐体阀门，就在他触及金属阀门的一瞬间，人体静电引燃了已经泄漏的液化气。由于当时没有把火扑灭，火越烧越旺，从而引发了这场持续了 96 个小时的战斗。有资料表明，人体静电产生的最低点火能量是 0.4 毫焦，而绝大多数的可燃气体的最低点火能量不高于 0.2 毫焦，所以说人体静电能量虽小，但危险性却很大。在这种易燃易爆品场所工作，一定要严格按照操作规程办事，尤其是冬季空气干燥的时候。

（齐义民）

余杭血案

水边浮出的女尸，黑暗中显现的怪影，扑朔迷离的案情，非同一般的物证。

谁是连环色魔？如何擒获真凶？

1. 发现女尸

这是大年初十的早晨，浙江省余杭郊区的仓前古镇的宁静被一阵急促的警笛声打破，余杭派出所接到报案：一位放牛的老汉在苕溪水边发现了一具漂浮的尸体！

警车驶进河畔，报案者称：“2 月 25 日早上 9 点，我到这里放牛，看见洋娃娃一样的东西，就用铁耙一扒，看看不对，是一个人。”

警车沿着蜿蜒的河堤急速行驶，办案警察们在余杭市分局刑侦大队大队长沈建国、副大队长魏建民的指挥下下车，跑入树林中。刑警们迅速到达出事地点，他们发现浮尸的地点是在河岸一侧的隐蔽处。

余杭派出所接到报案迅速出警

警车沿着蜿蜒的河堤急速行驶，迅速到达出事地点

魏建民："尸体情况怎么样？"

民警："高度腐败了。"

魏建民："先照相，录像。"

办案人员发现，这是一具女尸，奇怪的是尸体上还绑着一辆自行车，在打捞时异常沉重。经过法医初步检查，被害者的颈部有明显的损伤，确认这个女性为遭暴力强奸后杀害的。

这具女尸到底是谁？根据申报失踪人员的材料，死者是某村在外打工的25岁女青年梦某，她是在20天前在下班后的晚上失踪的，家人四处寻找毫无结果，两天后到当地派出所报了案，经过多方寻查一直没有发现她的下落。

办案刑警们勘查现场后，发现事发地点偏僻，犯罪嫌疑人作案后毁灭了罪证，抢走了被害人的衣物和随身携带的物品，给侦破工作带来了相当大的困难。经过反复勘察，发现浮尸的位置很可能不是案发第一现场。

尸体在河里面，河常年流淌，这给我们寻找第一现场带来了很大困难。第一现场到底在哪里呢？

现场总指挥沈建国大队长当即决定，先沿着尸体发现地的河堤，逆流而上寻找被害人可能行走的路线，寻找犯罪分子可能实施暴行的第一现场。

沈建国是"2.25案件"的负责人，他非常清楚，摆在刑侦人员面前的一个难题，就是尸体在苕溪水中已经漂浮了20多天，寻找第一现场肯定会相当困难，但沈建国依然坚持自己的主张。

沈建国："在尸体身上发现少了一些东西，这些东西哪里去了？我们找到这些东西的地方可能是第一现场，找不到东西也很难说这个地方不是第一现场，这个问题摆在我们的面前。"

发现浮尸的地点是在河岸一侧的隐蔽处

沈大队长在大堤上动员后，刑警们分散开寻找线索。

2. 物证找到了，但是……

沈建国告诉他的同事，既然是抢劫强奸杀人案，现场难免会遗留撕扯痕迹和毛发等物，如果能找到相关的物证对破案会有很大帮助。然而他们在密林中究竟能找到什么呢？

办案人员觉得，如果说尸体被单独地抛在河里的话，之后它肯定会漂浮起来，具体的抛尸地点就不大好讲了。这具尸体是跟一辆自行车绑在一起的，因此可以肯定，即便是尸体有漂浮，也不会漂浮太远。现场的技术勘察范围就以浮尸现场为圆心，方圆 1 千米的水面和陆地上来进行。可是在这么大的一块土地上寻找像毛发这样纤细的证据，真的犹如大海捞针，而且我们都知道，南方本来就多雨，再加上事发 20 多天了，再去找几根毛发，这有多难哪！但办案人员认为只要是作案，就肯定会有痕迹留下来，只要认真地寻找，肯定就能找到。果不其然，他们距离浮尸地点笤溪一侧 300 米远的一块草坡上发现了一个不起眼的现象：在一片草地上有滚压痕迹。

一位放牛的老汉在笤溪水边发现的尸体

侦察人员发现这一片青草长势很差，似乎有滚压过的痕迹！他们立刻警觉起来。随即在草丛边发现了一个可疑的物品，卫生巾。紧接着不久，魏建民又在附近发现了另一件物品。

办案民警先对尸体照相

魏建民：“小吴，把照相机拿过来，这里有个东西拍一下。”

这是一条残缺的胸罩肩带。

两件女性用过的

尸体高度腐败了

警察为尸体盖上衣服

办案民警勘查现场

物品，引起了办案人员的重视。

沈建国：“是否这个卫生巾是被害人的，那也很难说。当时我们想，如果这儿只有卫生巾，其他东西都没有，那它就是其他人扔的。我们以卫生巾为中心点，再继续扩大搜索范围。在扩大搜索当中，我们发现了另一个破案线索，找到了一个胸罩，然后通过家属辨认，认定它是死者本人的。”

接下来的搜寻，警方再也没有获得任何有价值的线索。但从这里找到了相关的物品，使他们隐约感到，案发的中心现场很可能就在这里。

沈建国：“从这个现场看有强暴的过程。我认为强暴必然会留下毛发。在杂草之中找毛发很难，怎么办？天又不好，地又潮湿，毛发跟泥土混在一起很难找出来，还有杂草夹在了里面，很难找出来。”

现场到底有没有遗留诸如毛发一类的东西？杂草中会不会隐藏着什么秘密？一时间办案人员无从下手。

沈建国：“在这个情况下我提出了一个大胆设想，我说把胸罩和卫生巾这两个区域连成一片，把所有地上的表皮土全都带走，回到单位去好好检查。”

寻找犯罪嫌疑人的毛发可能是破案的关键因素之一，因为身体各部位毛发的密度、形状不同，通过现代技术手段可以分析毛发当中的成分，确定一个人的血型等相关信息，为侦破案件提供重要的依据。

如此兴师动众地取土，会不会一无所获？连办案人员自己心里也没有底。但是寻找物证又是非常重要的一环，他们以发现女性用品地为中心，划定了6平方米的范围，将现场的土和杂草全部收集，运回当地派出所。

专案组用了 3 天 3 夜时间烘干泥土，这一番辛苦没有白费，最后从上百千克的泥土中找到 6 根毛发！

办案人员小心翼翼地把这几根毛发放入物证袋，并做好标记。

3. DNA 检测使案情明朗

与此同时，另一路民警在梳理案件中，有了一个惊人发现：就在“2.25 案件”的前 3 个月，还发生过一起称为“11.30 案件”，至今尚未破获。那也是一位年轻的女性在晚上被劫，被犯罪嫌疑人扼颈致昏并实施强暴。当时犯罪嫌疑人以为被害人已经死亡，只盖上了草，不料被害人却苏醒过来报了案。民警在现场找到了作案人遗留的可疑鞋印和少量毛发，同时在被害人身上提取到歹徒的咬痕。

这样看来，这两个案子，无论是从作案手法和现场特征来看，都极为相近，而且现场都找到了毛发。于是公安部门决定，把这两个现场也就是“2.25”和“11.30”两个不同案发现场提取到的毛发转交上级公安检测部门，用于检测血型和 DNA。

每个人的指纹都不同，每个人的遗传物质 DNA 也不一样，DNA 对认定和排除犯罪嫌疑人具有很强的识别作用。专案组的所有办案人员都期待着检测结果。

公安人员看到，这个胆大妄为的色魔，从骚扰到强奸杀人，似乎攻击性的畸形欲望越来越强烈。根据有限的物证痕迹和线索，他们描绘出了作案人的大致轮廓：青壮年，身高 170 厘米以上。

“11.30”和“2.25”案件之间到底有没有联系呢？就在专案组利用有限的物证寻找犯罪嫌疑人的时候，一份检验报告送到了专案组。

通过检测两个案子现场的毛发发现，这些毛发主人均是 B 型血，这一检测结果使得案情进一步明朗起来。

现场总指挥决定沿着尸体发现地的河堤逆流而上寻找第一现场

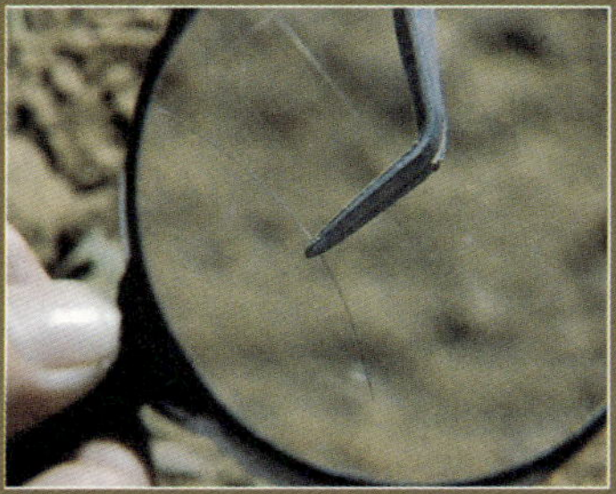

专案组从上百公斤的泥土中找到6根毛发

魏建民：“通过 DNA 检测，有 4 个特征片段对上了，这给我们带来了很振奋的消息。两个案子都出现同一个人的毛发，说明这两个案子是同一个人干的。”

他们采取了并案侦查的措施，经过公安人员的努力，使得破获余杭血案有了希望。

排查在案发地周边的 10 多个乡镇 80 多个行政村全面铺开，正当余杭警方进一步开展侦察时，新的血案又发生了。

7 月 8 日，在流经仓前镇地区的京杭大运河中，又浮现了一具女尸，使本来就复杂的案情变得更加扑朔迷离。侦查人员迅速到达出事地点。

魏建民：“当时我找到了一个正在围观的老大爷，我问他是什么情况。他告诉我，早上 7 点多钟，他看到了河上飘着一个白花花的东西。他看不清，后来把他儿子叫过来，去看一看那是什么东西，儿子仔细看了以后，发现原来是一个死人。”

由于浮尸的地方在河的对岸，专案组从海事部门调来了港监船打捞尸体。此时所有办案人员的心中都充满了愤怒。

经法医验尸，认定这又是一起恶性强奸杀人案。从作案的手段上看，又与前两起案件有着相同之处。

在尸检提取牙印中，公安人员意外发现这具尸体上也有牙印！这个意外发现使专案组人员想起了“11.30”案件。

沈建国：“这个案件的现场发现尸体的位置，跟‘11.30 案件’相差 300 多米，跟‘2.25 案件’相差 500 多米。就是在这个区域又发现了一个尸体，也是女的，是个单身女性。上班途中失踪，失踪第二天发现尸体。”

技术人员描绘了这3起案子发生地点，在分析3个案发示意图中明显可以看出3个案发地点相隔距离并不远。大家隐约感到，犯罪分子很可能熟悉这一地带，是不是有意与公安人员周旋呢？

沈建国：“‘2.25案件’‘11.30案件’和‘7.8案件’常规的痕迹物证不多，几乎就只是一个鞋印，鞋印是痕迹学上所说的常规痕迹、物证。其他的如指纹就没有。没指纹通过什么东西认定犯罪嫌疑人呢？”

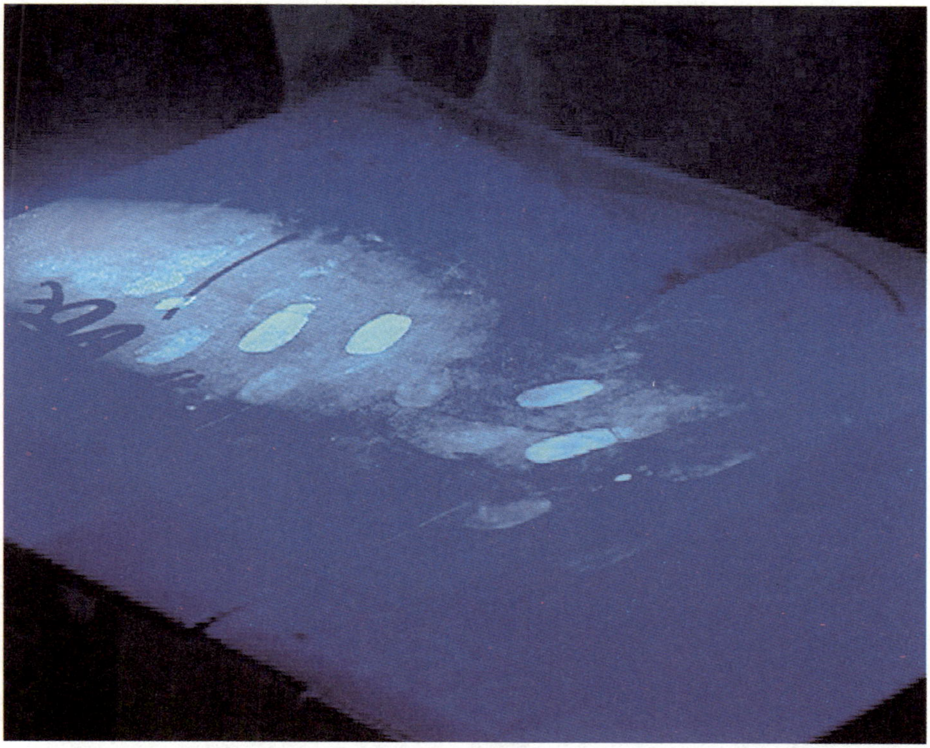

DNA检测

4. 三起案件的相同点

为了尽快将犯罪嫌疑人缉拿归案，专案组在当地有线电视台播出了协查通告。

3起强奸抢劫杀人案件的连续发生，专案组和所有的公安人员感到肩上的压力异常的大，难道犯罪分子会一次次在人间蒸发吗？

沈建国：“挨户、挨人一个一个地排，当时我们考虑：第一，是不是我们判断有误？刻画有误？第二，我们划定的区域范围可能太狭窄，是否应该扩大？第三，这个犯罪分子是否流窜？会不会打一枪换一个地方？跨区域作案的可能性存不存在？”

专案组在认真分析的基础上，又请上级部门和刑侦专家进行会诊，反复分析。

在河的对岸发现了新的浮尸

他们发现三起案件的案发时间，虽然前后持续长达 8 个月，但发案、沉尸区域都在两个镇子的中间地带，结合以往的这个地段曾有歹徒拦路侮辱妇女的情况，专案组推断，流窜作案的可能性较小，极有可能是长期居住此地的人作案。

为了尽快抓获危害一方的色魔，公安人员把三起恶性案件相同点进行了梳理，这之中他们有了一个重大发现！

沈建国："第一，被害人是单身女性，骑自行车，夜间回家；第二，沿着乡村小道；第三，被害人都遭勒颈；第四，被害人都被强暴了；第五，都有夺取被害人财物；第六，都有遮掩的过程。"

犯罪嫌疑人到底在哪里呢？警方对这种认定嫌疑人在不在现场也感到非常头疼，因为刑事案件的认定需要由办案人员举证；如果抽血做进一步检查，他会问你，你有什么证据说我是嫌疑人？你凭什么抽取我的血液呢？当然我们可以从现场提取另一个物证，来确定他的身份。除了 6 根毛发以外，什么也没找到。

另外就是咬痕，往往那些变态杀人狂，他的身体可能存在某种疾患，总是在被害人身上留下疯狂的咬痕。以前就有公安人员利用从被害人身上提取的咬痕，制作出模具，来跟犯罪嫌疑人一一比对排查，最终找到了犯罪分子。实际上这个案件同样可以利用这个方法进行侦破。办案人员从被害者的尸体上提取咬痕制作模具，决定对犯罪嫌疑人一一排查，一个不行，再进行下一个甄别。

法医宋光烈（余杭分局刑侦大队）："法齿学就像痕迹里边的指纹一样，它有特异性，就是说它的认定价值很高。成人以后，口腔大小、嘴唇大小、牙齿的大小基本上就稳定了，有些非常明显的如牙间隙大、错位牙，或者是缺牙，跟这个尸体上提取的咬痕不一致，这批人我们就排除掉。"

5. 发现犯罪嫌疑人

专案组进一步刻画了犯罪嫌疑人的情况，排查工作继续深入进行，此时一个重要线索进入了专案组的视线！

2月25日早上9点，我到这里放牛，看见洋娃娃一样的东西，就用铁耙一扒，看看不对，是一个人。

魏建民副大队长："我记得7月22日那天，当天晚上接近10点多钟，我已经休息了，我们一个姓杨的侦察员给我带来一块牙模。他白天访问了一个对象，排查出一个对象，他取了他的牙模送到我这里。"

看到这块牙模，魏建民一下子愣住了。他太熟悉这个牙痕了。

魏建民："我看到这个东西，马上血往上涌，心跳得很厉害，因为现场的牙印，在我的脑海里有印象，我一看到它，拿着牙模就心跳加快，血液往上涌，它就是我要找的东西。"

为了稳妥起见，第二天一早，魏建民又给嫌疑人重新做了牙痕印模。

魏建民："拿过来一看，这特征就是他的，我当即就叫旁边的侦察员把他控制住。"

这个嫌疑人叫李明，21岁，独自居住，个性孤僻。办案人员立即对他进行了审问。

沈建国："我们首先问他，为什么我们取你的牙印。他无意当中说了句话，他说：这不是我咬的，我没咬过。他已经把'11.30'的事忘了，他说这个案子我没咬过人，就这样不打自招地把这个事情说漏了一句。"

犯罪嫌疑人永远想不到他无意间的一句话"我没咬过"，使得他暴露无遗，也使得专案组锁定了目标。

警方封锁案发现场

魏建民："我通知专门医院叫一个护士来，给他抽血，把血送到医院，马上验血型，果然是个B型。"

专案组很快在嫌疑人家中搜查到一双与"11.30"案发现场鞋印一致的皮鞋。

DNA检测也与李明完全符合，从科学的角度确认

犯罪嫌疑人交代了三起抢劫、强奸、杀人案件的全部罪行

刑侦科学的力量

了罪犯。此时犯罪嫌疑人彻底崩溃，他交代了三起抢劫、强奸、杀人的全部罪行。

这起跨度6个月、震惊四方的连环抢劫强奸杀人案终于告破，这个魔头也落入了法网。正如刑侦大队沈建国队长所说，如果没有现代的科学技术，这个案件办理起来还真的有很大难度，比如通过毛发鉴定出血型，还有对于身份识别等。其实正应了中国的那句老话：“若要人不知，除非己莫为。”有一位现代刑侦学家曾经说过：“任何人都别指望当你作奸犯科的时候，不会留下任何蛛丝马迹。”

（刘海忱）